你知道吗？

孩子的成长是有规律的。

希望这本书能帮你

真正了解自己的孩子。

全球阶梯教养圣经

Your Six-Year-Old

你的6岁孩子

［美］路易丝·埃姆斯

［美］弗兰西斯·伊尔克　著

玉冰｜译

北京联合出版公司
Beijing United Publishing Co.,Ltd.

目 录
contents

1

Chapter

内心充满矛盾，行为两极化——
六岁孩子的身心特征

> 典型的六岁孩子，是一个小小的矛盾体，集两个极端于一身。他最大的苦恼是既依赖妈妈，又想要离开妈妈，期盼走向独立，所以六岁是孩子与母亲真正开始分离的起点。大约在五岁半到六岁半之间，孩子的许多行为似乎从各个方面一起忽然转身，都朝向明显对立的方向发展。但是，从六岁的太过精力旺盛而且强横习蛮，转向七岁的太过忧郁而沉寂的过程中，其间会有一段日子是孩子的美好最为绽放的时刻，也是让家长最为享受的一段亲子时光。

⊙ 行为上热切，感情上炽热

母子矛盾占最突出的地位——
六岁孩子的人际交往

> 以六岁孩子典型"两极化"的行为特点，在与他人相处的时候，他既可以展露出最可爱的一面，也可以展露出最糟糕的一面。没有谁会是比他更为活泼可爱、热情洋溢、充满快乐和惹人喜爱的小宝贝，也没有谁会是比他强横习蛮、不讲道理、充满嫉妒和让人头疼的小捣蛋。在六岁孩子的人际关系中，朋友是一个很重要的概念，其中比较令人注意的一点是，以性别分群的现象开始出现。

3 Chapter

充满战争的硝烟——
六岁孩子的日常作息

> 　　与五岁时的乖巧、听话完全相反，六岁孩子两极化和情绪化的性格特点，使他在日常作息方面的表现实在令家长头疼、崩溃！他们在餐桌上"胡作非为"，穿衣时挑三拣四，在宣泄情绪时每每大发脾气……这些的确都是令家长十分头疼的行为。但不可否认，放肆和野蛮是这个时期不可避免的。六岁的孩子非常脆弱，做家长的与其一味地责骂孩子，不如给孩子更多的宽容，同时，善用与孩子相处的技巧。

善用方式方法——
与六岁孩子相处的技巧

六岁到六岁半的孩子往往是强横刁蛮和异常情绪化的"小炸弹",随时有可能爆炸。和六岁孩子相处,运用一定的技巧来化解矛盾,不但是最为需要的,也往往是最有成效的。书中提供的一些技巧不一定就会对你家的孩子有效,但是你肯定会发现,在很多情况下的确能帮你不少忙。你一定会惊讶于仅仅是因为你说了恰当的话或做了恰当的事,就能令你那狂躁的小暴君奇迹般地变成了你友善的小伙伴。

Chapter

活动丰富、兴趣广泛、创意无限——
六岁孩子的兴趣和能力

> 六岁的孩子，不分男女，都体力无限，总是动个不停。他非常富有冒险精神，什么都想去试试，对任何新奇的东西或者事情，都会很感兴趣。总之，他既能让你为他的热情洋溢所感染，又往往让你为他的调皮捣蛋而头疼。
>
> 六岁的孩子创意无限，想象力天马行空。作为父母，你需要多带孩子出去增长见识，为他提供一个有益于充分发挥并且发扬创造力的环境。你要知道，孩子的创意不会凭空生出来，孩子需要丰富的生活体验。

6 Chapter 行动本身体现心智——
六岁孩子的心智能力

格塞尔博士在 50 年以前就已经指出："人的心智可以通过他身体各部位的几乎所有的行动本身呈现出来。"的确，六岁孩子的行为能力在很多方面都比以前有了一个非常大的进步。比如，六岁孩子对时间、空间和死亡概念的理解比过去更为深入和透彻，计算、识字和阅读的水平都有了大幅度的提高，等等。

但是，你要记住，孩子与孩子之间有很大的不同。假如一个孩子的发育速度没有依照常规按部就班，或没有达到正常水平，作为家长，一定要耐心等待，切不可拔苗助长。你需要以平静和理解的态度看待孩子成长中的问题。

尊重孩子的行为年龄——
六岁孩子的学校生活

从六岁开始，我们的小小孩儿就可以踏进学校的大门了。但是，家长们切忌把所有的六岁孩子都统统送进小学一年级。家长不仅要保证孩子在升学之前已经满了六周岁，而且要保证孩子的成熟程度的确能够应付小学一年级的更高要求。孩子的生理年龄，不是决定孩子是否应该上学或者升学的标准；孩子的行为成熟度，也就是行为年龄，才可以决定孩子是否应该升入小学一年级。如果父母难以判断的话，可以替孩子做一次周详的行为能力检测。

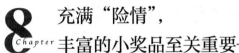

8 _{Chapter} 充满"险情"，丰富的小奖品至关重要——六岁孩子的生日派对

> 由于六岁孩子争强好胜的天性，以及情绪变化比较激烈而且难以克制的特点，所以，在生日派对上随时可能出现"险情"，往往让负责主持派对的成年人累得筋疲力尽。正因为如此，合理的组织协调以及成年人的控制一定要安排到位。预先的精心筹划必不可少，设置多项小奖品更是令每个孩子都高兴所必需的保证。
>
> 不过，尽管主持六岁孩子的生日派对是一件很费神的事，大多数家长还是情愿"甘冒风险"，为的就是孩子能从中得到一份快乐。

了解孩子的基本性格——
六岁孩子的个体差异

> 许多研究人类行为的学者，针对人与人之间的不同性格，提出了各自不同的性格分类体系。其中，最著名的是纽约大学医学院的斯苔拉·切斯博士的性格分类法。
>
> 通过探讨这些方法，你可能觉得其中某些内容容易帮助你理解自己的孩子。其实，最重要的是你要随时睁大了眼睛，不仅要能够辨认得出孩子的某些行为是他所属的年龄所特有的行为，也能够辨认得出孩子的某些行为其实跟他特别的性格有关。这会有助于你更加懂得和了解的孩子，从而认识到你孩子的独特之处。

- ⊙ 活跃的程度
- ⊙ 规律的程度
- ⊙ 适应变化的程度
- ⊙ 敏感的程度
- ⊙ 心态的正面程度
- ⊙ 反应的剧烈程度
- ⊙ 抗干扰的程度
- ⊙ 对某件事情的坚持程度

10 Chapter 你是否也遇到过这些麻烦？—— 源自家长们的真实故事

> 不同的孩子在成长过程中会表现出一定的规律和特点，很多孩子在同一件事情上出现了让父母同样棘手的问题。为了帮助父母解决这些问题，我们特意挑选了一些有代表性的家长来信进行分析，相信会对读者有所帮助。

给父母一张关于孩子成长的地图

我们在这里讲述的是孩子在相应年龄段所应有的行为或者行为规范。这些东西能让不少家长看过之后感到心里踏实，因为做父母的总是愿意了解自己的孩子会有哪些行为。当然，我们这些描述也有可能反而使一些家长更加焦虑，甚至愤慨。好在绝大多数父母都会因为预先知道了孩子可能会出现的一些行为，而多多少少放松下来。而这正是我们愿意看到的事情。

尤其让许多父母感到安慰的地方是，他们现在终于明白，孩子在某些阶段出现的一些"糟糕"行为，其实是一种"正常"行为。因为，别人的孩子也都这样。

我们这一群人在阿诺·格塞尔博士的亲自带领下，跟踪了孩子四十多年，详细研究儿童行为的发展与变迁。我们的研究始于当年格塞尔博士指导下的耶鲁大学科研诊所，也就是现在著名的格塞尔人类发展研究所的前身。

这些针对数千名儿童（一点不夸张）的不断学习和研究，使得我们坚信，人类行为的成长模式十分有规律。我们可以相当准确地预料出孩子在某种行为阶段之后将会出现什么行为阶段。这里的行为，指的是能够表现出孩子的运动能力、语言能力、适应能力，以及与人相处的能力等各方面的行为。

我们的确能够很有自信地告诉你，**通常来说**，一个男孩子或者女孩子会在某个年龄出现某种行为特征。

但是，毫无疑问，没有哪个孩子可能是一个"通常来说"的孩子。正如我们在这本书里的第八章将要详细阐述的那样，**每一个孩子都是独一无二的个体，都可能从各个不同的方面有别于任何其他孩子，甚至包括和他或者她同胎而生的兄弟姐妹。**

因此，当我们告诉你，四岁孩子是张狂而可爱的，五岁孩子是沉静而安详的，六岁孩子又是怎样怎样的时候，请你记住一点，这并不意味着所有孩子都会在某个特定年龄段表现出某种特定行为来，而且都肯定或者应该跟我们的描述完全一模一样。

同样是发育十分正常的男孩和女孩，他们的行为成长既可能比我们描述的进程时间表更快，也有可能比我们的进程时间表更慢，当然也很有可能不偏不倚，与其同步前行。不论孩子的成长是更快还是更慢，这都不值得家长因此而忧心忡忡。

不仅仅是每个孩子的成长进程快慢有所不同，而且其行为的和顺与不和顺的程度也相当不同。有些孩子不论在哪个年龄段都十分招人喜爱，很善于调整自己，让别人觉得十分易于相处；另有些孩子则相反，不论家长多么懂得孩子、多么精心照料，他都有可能在整个童年阶段十分难以相处，甚至有可能在任何年龄段都十分不易相处。

有些孩子各方面的成长明显十分均衡，齐头并进。他们在各个不同方面的发育进程要么都提前，要么都延迟，要么都恰好跟我们的描述同步，包括他们的语言能力、运动能力、适应能力，以及所谓的为人处事的能力。可还有些孩子却并不均衡，比如有可能他的语言表达能力进步神速，而运动方面的能力却远远落后；或者很可能完全倒过来。

在这本书后面的章节里，我们将会详细阐述孩子与孩子之间的个体差异。但这却绝不是为了要让我们的读者因此而更加惴惴不安；相反，我们在这本书的一开始就再三强调，**我们对孩子各种行为的预期只不过是常规描述**，是对众多孩子自然展现出来的各种行为的一个概述而已。

我们不妨打个比喻，把这本书里以及其他类似书籍的描述都比喻成一份地图，而且是你想要前去旅游的那个国家的地图。我们**能够**告诉你的是那个国家总体来说是个什么样子；但是我们却**不能够**告诉你，你的旅程将会是什么样子。你可能比其他游客走得更从容些，或者更匆忙些；也可能比别人看得更细致些、更周详些，甚至有可能会回过头去再看看。你的这份地图既不能告诉你将会遇到什么，也不能告诉你应该做些什么。它能够告诉你的只不过是这块地界的大致模样。

人们大多愿意借助于地图的帮助。许许多多的父母也愿意借助于我们所做的这份孩子行为描述图的帮助。因此，如果你愿意，请使用我们的行为描述图吧，我们很希望你能因此有了一个很实用的向导，就像许许多多的家长一样。只是，请你不要因为我们的常规描述跟你的孩子不太一样，就去指责自己的孩子不好，或者指责我们的描述不对。每一个孩子都是一个美好的、与众不同的独立个体，我们仅仅希望这本书能够帮助你在孩子成长的各个阶段更加懂得欣赏他。

众里寻他千百度

　　每一个做了父母的人，都希望自己能够做一个对孩子成长负责任的好爸爸或好妈妈，我也不例外。当儿子的生命还蠕动于我的体内时，幸福的同时伴随着我的决心——一定要做一个好妈妈！

　　孩子出生了，他躺在我的怀里，吸吮着我体内流淌的乳汁，明亮清澈的大眼睛和我对视着，充满了对我的信任和爱，而此时，我却感到了一阵恐慌——我该如何去爱上天赐予我的这个宝贝？我懂得要给他吃母乳、要保护他的安全、要尽我所能地给予他最好的教育……但是，我不懂得在他每一个成长阶段，会出现怎样的心理发展过程，这些心理发展会让他呈现出怎样的行为，我又该如何去帮助他完成这些发展过程。比如，他现在才三个月大，他的精神需要是什么？我是否应该让他吃手指？在他六个月大的时候，他会出现怎样的行为？他四岁的时候如果与小朋友打架，我该怎么来处理……我感觉到做一个好妈妈有些力不从心！

随着孩子一天天长大，他真的开始吃手指头了；他去幼儿园的第一周就和小朋友打架了，脸上还被抓出了血痕；他开始追着我和先生的屁股不停地问问题，这个世界有太多他不明白的东西；他拿起剪刀把自己的头发剪成了朋克状；他在幼儿园为了不把大便解在裤子里而憋上一天，我们不明白他为何不去洗手间；他开始说"屁股""臭大便"，反复地说，我们越是阻止他说得越开心；他开始邀请幼儿园的小朋友到家里来做客，而且没有经过我们的同意就带小朋友回家了；他开始对文字感兴趣，家里的任何一本书以及大街小巷的每一个门牌和挂着的标语，他都要求我们认真地读给他听……

因为不懂得孩子，所以我们会犯下很多的错误。比如，当他的脸被小朋友抓出小小的血痕时，我告诉他："如果谁再靠近你，你就还击他！"当天，老师给我们的反馈是：

"你的孩子怎么了，小朋友才靠近他，他就出手抓人家的脸，他以前不这样啊！"我立即意识到自己的教育是有问题的，但问题在哪里，我却不知道。

当我发现自己存在问题后，我开始学习教育孩子的方法，于是到书店里去买书看。然而，十七年前的书店里，教育孩子的书种类非常稀少，唐诗和宋词外加名人教子语录，这些书籍无法帮助我理解孩子的成长规律，也无法让我学习到正确的应对方式，于是，我仍然在黑暗中摸索着孩子的成长规律。

在孩子十五岁的时候，我才接触到了教育的核心，才开始明白教育的本质是帮助孩子完成每个年龄阶段生命发展的任务，可是，我的孩子已经十五岁了！他成长中最重要的时期被我错过了，那种因为错过而心痛的感觉让我在许多夜晚不能成眠，我们和孩子都无法重新来过，我们再也回不到从前了！现在，孩子已经二十岁，即将离开我们远赴英国上大学。好在从我明白错过的那一刻起，我没有再错过孩子的成长。这五年是我弥补自己缺失的五年，感谢上天给了我这五年的时间！

有了陪伴孩子成长的经历，有了我对教育的研究和感悟，我觉得自己有责任为年轻的父母们做点什么，让他们不再重蹈我们的错过。这些年来，我不断地接触、体验和思考新兴的教育理念和方法，寻找能够给父母们带来更好帮助的书籍。但是，一直没有这样的书入我的眼，直到玉冰把这个宝贝带到我的面前，这套书让我眼前一亮——这不正是我多年来苦苦寻找而不得的宝贝吗？！

这是一套研究 1~14 岁孩子发展规律的书，一群严谨的学者用了四十年的时间来研究每一个年龄阶段孩子的发展规律，并给父母提出了具体的建议和应对方法。虽然我国也有很多研究教育的机构，但是，我们缺乏对各个年龄阶段孩子科学严谨并能够持续四十年之久的研究。这套书能够弥补我们的缺陷，给我们的研究和父母养育孩子提供非常大的帮助。

虽然东西方存在着文化上的差异，但是，在人类这个物种成长和发展的规律上，存在的差异不会太大。比如，无论是西方还是东方，孩子们都需要在妈妈肚子里怀胎十月才出生，一出生就能够吸吮，出牙的年龄都在 4~6 个月，都会在一岁左右走路，都能够解读成人的表情，都会在同一个年龄阶段出现相应的敏感期……无论是东方还是西方的父母，都希望在了解孩子发展规律的基础上来帮助孩子成长，都希望孩子具备善良、有责任感和自律等优秀的人格品质，都需要具备帮助孩子建构健康人格的能力，由此，我相信这套书能够帮助到中国的父母们。

假如，在我的孩子刚出生时，我就能够看到这套书，我就有信心做一个好妈妈。因为，我会了解孩子在当下的生命发展过程中会出现怎样的行为，我该给予孩子怎样的帮助，才能让他顺利地完成这个阶段的发展任务；同时，我还会预见孩子在未来每一个年龄阶段生命发展的方向，我会提前做好相应的心理和物质准备。虽然，对于我来说这一切都只能成为一个"假如"，但对于孩子在成长阶段的读者来说，这是真实可行的！

胡萍
2012 年 4 月 26 日于深圳

编者注：胡萍，中国儿童性教育的先驱。2001 年开始研究儿童性健康教育和儿童性心理发展。2004 年开始在全国 50 多个城市开展性健康教育父母课程，并多次与中央电视台、新浪网等合作录制儿童性健康教育节目，其代表作有《善解童贞》《成长与性》《儿童性教育教师用书》等。

在这里寻找答案

"教育是一门科学，不能仅凭经验。"这是我回国后一直倡导的教育价值观。

2002 年我从德国慕尼黑大学毕业后回到国内开始从事教育工作，将近十年的工作中让我感到困扰最多的就是父母宁愿相信经验，而不求证于科学；父母宁愿把自己的孩子和周围的孩子相比，也没有办法用科学的方式评价自己孩子成长得是否合适。

印象最深的是每次都有父母非常焦虑孩子的正常现象。比如说"多动"。在他们的眼中，如果一个四五岁的孩子无法专心做事 30 分钟就是多动症，就需要看病吃药，就会导致学业问题。每次当我耐心地向他们解答每个年龄段不同的正常现象，持续多长时间就是在正常范围之内才能减轻他们的担心。比如父母们不明白为什么三四岁的孩子喜欢拿着东西就往地上扔，喜欢强调"我"。

只有当父母知道什么是"正常"，才能真正理解孩子的行为，也才能给予正确的引导。

所以，我特别希望有一套介绍个体发展基本规律的书籍帮助父母认识到个体发展规律，帮助他们能够判断孩子行为的"正常"和理解孩子行为背后的原因。

相比较个人发展和心理认知的专业书籍的晦涩，《你的N岁孩子》系列更加生动，语言容易理解。在这本书中，读者会看到的是一群同年龄的孩子，他们的生活跃然纸上，在这里，你一定会找到自己家里的那个宝贝，也能更加走进他们的内心。

兰海

编者注：兰海，上濒教育机构创始人，毕业于德国慕尼黑大学教育心理学专业。研究方向：创造力发展、青少年成长、教育规划、亲子关系。兰海先后在慕尼黑大学获得心理学、教育学和社会学三个学位，在九年的教育实践工作中，对国际、国内的教育状况有异常深入的了解和研究。目前，兰海是中央电视台少儿频道《成长在线》栏目特邀专家；《父母世界》杂志特邀专家。著有《嘿，我知道你》《孩子需要什么》。2009年，中国教育报专题人物报道：《教育是科学，不能仅凭经验》；2011年4月，CCTV10《人物》栏目专访：《带孩子寻找快乐的老师——兰海》。

名家推荐序（三）

在帮助孩子的同时懂得孩子

　　我要郑重地向所有的家长们推荐这本书，因为这是迄今为止我看到的对家长育儿最有帮助的书；我也要郑重地向老师们推荐这本书，因为有了这本书，忙碌的老师们就再也不用为发展心理学中那些生涩的字词而头痛了。妈妈和老师不想成为理论研究者，他们只想在帮助孩子的同时懂得孩子。他们只想知道一个两岁的孩子眼皮都不抬地乱扔东西是否正常；他们只想知道当孩子乱扔东西时，他们该怎样帮助孩子。

　　当有一本书说"孩子的感知运动时期的第八循环第一阶段，其生物功能如何被环境改变，这一改变来自怎样的图示过程"时，家长和老师们真的就被吓住了，他们会带着可怜的、自信心受到打击的神情对你说："我学不会，我看不懂，我做不到。"

假设你是那个作者，当一个老师或一个家长这样对你说时，你会绝望吗？你会觉得他们不适合做父母和老师吗？这时，请你看看这本书，看看它是用怎样的关怀向想要了解孩子的人讲述孩子，又是用怎样朴实贴切的招数在帮助它的读者。看了这本书，你会知道，这本书是有鲜活灵魂的，当你面对它时，你会自然轻松地用心灵与它沟通。

我要说，朋友们，请打开这本书吧，不管你是妈妈还是爸爸，不管你是老师还是教育家，请打开这本书吧！

李跃儿

编者注：李跃儿，中国著名儿童教育专家，中国芭学园创始人，曾为《父母》杂志教育答疑专家、央视少儿频道签约专家。畅销书《谁拿走了孩子的幸福》系列的作者。2004年荣获第三届中国国际家庭教育论坛"华表奖"和"形象大使"称号。2006年荣获"2006年中国幼儿教育百优十杰"（第一名）称号。2009年荣获"2009中国民办幼儿教育十大杰出人物"称号。2012年荣获"教育木兰奖"。

译者序

因为懂得，所以从容

亲爱的读者：

　　六岁。唉！我一边翻译一边想，两年以前，小羊羊（我的孩子）六岁的时候，如果我能把这本书读得更仔细一些，该多好。那时候我只是匆匆掠过，没有细心品味；而现在逐字逐句地翻译，却让我注意到，我忽略了好多东西。

　　比如说，六岁的孩子会撒谎，会拿别人东西。当羊羊再三被我抓住他撒了谎、拿了小朋友的东西时，我真是又气又恨又急，恨不能把我最在意的"诚信"品德用注射器注进他脑子里去。又比如说，六岁孩子在小朋友的生日会上，肯定是个小贪心，恨不能把一切洗劫一空。而当我真的就撞上羊羊在小朋友生日会上的那个贪婪劲儿，我，唉，羞得无地自容，立即后悔不该带他来……

可是，现在，我却看得很明白。其实，这都是六岁孩子的正常现象。我当然应该把我的观念和要求告诉孩子，但是，我可以很平静地要求他，适度严也适度宽，而不是又气又恨又急又羞。这本书的作者说得很对，知道了是怎么回事，碰上的时候妈妈就不再会这么苦恼，而能够平心静气很多，也能够理智很多。

当然，也幸亏我当时草草读了一遍，虽然忽略了不少细节，但是毕竟看过，知道了六岁的年龄是"暴风骤雨"的人生第二叛逆期，对孩子跟我之间可能出现的冲突和矛盾，有了比较充足的心理预期。所以，虽然羊羊的六岁风暴实际上比一般孩子更"猛烈"一些（他性格本身就是"冷面独行侠"），我居然还没有被他气哭过。可是，被他气得暴跳如雷的时候倒是不少。结果就是屡次被我的网友们一顿狂拍。也幸亏网友们对羊羊的捍卫、对我的抨击，不然的话，羊羊从我这里吃的苦头恐怕更多。在这里，我再次诚恳地感谢亲爱的朋友们。

我第一次接触到这一套书的时候，我的两个淘气的小男孩还只有两三岁。那时候我一边四处搜寻怎样养育孩子的书，一边和孩子一起参加美国老师主办的亲子班。老师的素质非常好，专修过三门儿童心理方面的不同学位，常常给我们讲述一些不同年龄的孩子会有些什么样的"坏"行为，孩子为什么会有这样的行为，以及妈妈这时应该怎么办。这些知识让我十分惊奇，替我打开了一扇全新的了解孩子心理和行为背景的窗户，更何况，老师传授的"技巧"还真管用！我越来越喜欢向老师请教。有一天，老师把我带到亲子班的一个书架前，拿出一本书来介绍给我：你读读这本书吧，会很有帮助。我接过书一看，立刻注意到这本书里的内容和老师授课的内容十分相近！我蹲下身子来，往书架里仔细一看，嘿！三岁、四岁、五岁、六岁……每一岁都有一本！

我立即拿了两本回家读。从此，我爱上了这套书！

这套书和其他育儿书最大的不同，在于成书的背景。很多的育儿书，包括现在最走红的海蒂·墨卡夫的书，大多都是根据妈妈自己的体验和感悟而写成的书，也有些人类教育专家根据自己的知识和经验写成的好书。但是，这一套《你的 N 岁孩子》系列，却是由美国著名的"格塞尔人类发展研究所"的一群儿童研究专家，从 20 世纪 50 年代开始，经过四十多年的严谨而系统的跟踪，针对数千名孩子在不同年龄段所做的详细观察和了解，而总结出来的系统研究成果！

不但很有深度，而且很有广度。这是任何一位妈妈或者儿童心理学家都不可能企及的充足的数据、翔实的研究、精密的分析、高度的概括。

正因为这套书的成书背景如此特别，使得这一套书不仅仅是一套很实用的育儿宝典，而且是一套很科学的儿童行为认知学的科普读物。研读这一套书，不但能让你预先了解你的孩子在不同的年龄可能出现哪些让你十分向往的，以及让你十分头疼的行为表现，从而让你有了合理的心理预期和心理准备，面对困境时能够更加从容，而不至于惊慌失措、烦恼不堪；而且，这套书还能让你明白孩子的许多"坏"行为不但是短暂的阶段性的行为，其实也是合理的、孩子气的正常行为，从而能让你放下许多不必要的焦虑不安和心理包袱。故此，不但你的日子能过得更舒坦，孩子也能活得更率真、更健康。

随着我的两个小儿子逐渐长大，我慢慢了解到，这套育儿宝典，不但是美国亲子班、幼儿园老师们的养育依据，而且还是美国小学老师了解和对待不同年级孩子的心理、行为的依据。每年开学，孩子升到不同的年级，我都能收到学校发给家长的一份文件，告诉我们孩子在今年会有哪些特点，父母应该特别注意哪些事项。我也通过频繁在学校做义工的机会，深刻体会到学校老师对待不同年级的孩子真是不一样，不但对孩子的约束要求不一样，而且约束孩子的方式也不一样，十分合理化、人性化。从这个角度上来说，这一套书，不但适合父母朋友们学习和阅读，而且也适合幼儿园老师、小学老师、甚至中学老师们学习和阅读。

别看这套书是三十多年前的"老古董"（这本《你的6岁孩子》英文原著出版于1979年），它之所以到了今天都仍然被美国学校奉为宝典，正是因为这套书的主题是孩子的发育与成长的客观规律，而客观规律是不会"过时"的。当然，有些外在的环境影响是有了一些改变，比方说那时候还没有平板电脑，现在，估计很多孩子都陷于这种电子游戏中，而给家长带来新的烦恼。不过，只要我们能够智慧而灵活地运用这套书中的基本观念，我们就可以自己动脑筋想出办法来，让我们和孩子走出困境。

这些年来，随着孩子渐渐长大，我总会不断遇到新的问题、新的苦恼，也总是能够不断地从这一套书中获取知识、汲取力量，调整我的心态，调整我看待孩子"坏"行为的视角，也调整我和孩子相处的进退尺度和协调方法。这套书已经很多次成功地帮助我走出亲子关系低迷的僵局，走出了我心中的困惑、焦虑、烦躁、失落。我的两个孩子，不但在家庭的小环境里，而且在幼儿园和学校的大环境里，沐浴在这套书的福泽之中，成长得健康、活泼、快乐、聪明。

正因为如此，我对这套书情有独钟。一年多以前我下定决心，一定要想尽办法把这套宝贵的好书介绍到中国来，造福中国的孩子和父母。感谢北京紫图图书有限公司对我的信任，我终于如愿以偿，能够亲手把这一本书，这一套书，翻译给我祖国的家长和老师朋友们。

我替你的孩子感谢你，因为，你愿意研读这套书，愿意接纳这套书将带给你的新知识、新观念、新视角。我在此真诚地祝福你，祝福你的孩子，祝福你全家。你们一定会从此更加相亲相爱，更加幸福和美。

玉冰

美国洛杉矶

2012 年 5 月 12 日

编者注：玉冰，美籍华人，畅销书《正面管教》的译者。她十分重视儿童教育发展，也十分重视亲子关系对孩子成长的巨大影响。此外，她还译有《与神对话——献给青少年》等作品。

六岁孩子能力发展及教养简表

	六岁到六岁半	六岁半到七岁
整体特质	两极化、叛逆	情感炽热
身心特征	◇内心充满矛盾，爱走两个极端 ◇认为自己是整个世界的中心 ◇很多行为明显过度	◇聪明、幽默、喜欢猜谜 ◇感情上热切、炽热
兴趣和能力	◇活动丰富，兴趣广泛，但是不适合玩竞技性游戏 ◇体力无限，总是动个不停 ◇喜欢读书，阅读兴趣广泛 ◇看电视是生活中的重头戏 ◇创造力千姿百态，倾向于用创意表达自我 ◇意识到手的功用，活动姿势古怪 ◇视觉更具拓展性，开始关注视线中的新东西 ◇目光转换能力增强，锁定能力减弱	

（续表）

	六岁到六岁半	六岁半到七岁
心智能力	◇对时间观念和顺序理解更为透彻，但是对时间长短缺乏概念 ◇空间世界向外极大扩展 ◇大多能够独立阅读，且能发现自己的误读 ◇写字的兴趣浓厚，水平极大提高 ◇计算水平大幅度提高 ◇开始具备一定的逻辑思维能力 ◇语言的规范性提高 ◇区分幻想与真实的能力与日俱增 ◇对死亡的理解更加成熟，偏于情绪化 ◇好坏概念模糊，以父母的导向为标准 ◇对性过于感兴趣，大多喜欢玩性游戏 ◇傻笑和厕所幽默突出 ◇喜欢当众出洋相	
人际关系	◇矛盾与冲突占据母子关系的主旋律，对父亲往往心怀敬畏 ◇对祖父母充满好感，关系融洽亲昵 ◇对老师行为得体，言听计从 ◇和兄弟姐妹之间磕磕绊绊，对弟弟妹妹尤其恶劣 ◇和朋友难以和谐相处，矛盾和冲突占据主导地位	
健康和情绪方面	◇健康方面令人担忧，经常生病 ◇对伤痛、药物等害怕、抗拒 ◇紧张情绪的宣泄涨到最高潮，坏脾气较多	

	六岁到六岁半	六岁半到七岁
牙齿方面	◇ 乳牙相继掉落，恒牙相继生长	
睡眠方面	◇上床睡觉相对和顺，负面情绪较少 ◇睡眠质量相对较高，香甜而安稳 ◇睡醒后麻烦较少，基本能够自理	
饮食方面	◇ 对餐桌礼仪置之不理 ◇食欲大增 ◇自理能力减弱，往往用手抓食物	
排泄方面	◇自控能力增强，孩子基本可以自理 ◇少数孩子仍会出现大小便失禁情况，属正常现象	
洗澡穿衣	◇穿衣服往往不配合，麻烦不断 ◇爸爸帮孩子洗澡会比较顺利 ◇头皮对疼痛非常敏感	
学校生活	◇以孩子的行为年龄作为是否该上一年级的标准 ◇应注意发现孩子不够成熟上一年级的征兆 ◇提倡一年级半天制	
有效管教孩子的技巧	◇技巧一：夸奖 ◇技巧二：给机会 ◇技巧三：数数 ◇技巧四：避其锋芒 ◇技巧五：讨价还价 ◇技巧六：让步 ◇技巧七：冷处理 ◇技巧八：漠视	

1
Chapter

内心充满矛盾，行为两极化——
六岁孩子的身心特征

　　典型的六岁孩子，是一个小小的矛盾体，集两个极端于一身。他最大的苦恼是既依赖妈妈，又想要离开妈妈，期盼走向独立，所以六岁是孩子与母亲真正开始分离的起点。大约在五岁半到六岁半之间，孩子的许多行为似乎从各个方面一起忽然转身，都朝向明显对立的方向发展。但是，从六岁的太过精力旺盛而且强横刁蛮，转向七岁的太过忧郁而沉寂的过程中，其间会有一段日子是孩子的美好最为绽放的时刻，也是让家长最为享受的一段亲子时光。

1.六岁典型特征：小小的矛盾体，集两个极端于一身

　　典型的六岁孩子，是一个小小的矛盾体，集两个极端于一身。不论他要做什么，他随时都可能走向两个相反的极致。而且，假如他从两个东西或者两项活动之中选择了其中的一项，那么，这个选择本身，常常就能触发他想要立即做出相反选择的强烈意念。

　　六岁孩子的复杂和奇妙十分耐人寻味，可是六岁孩子的生活却每每十分纠结。因此，他在这个世界上最为需要的东西，就是父母对他的理解。六岁孩子不仅仅是比五岁孩子成长了一步，他实际上变成了一个完全不同的孩子。他不断地在变，而且变得很快。尽管很多变化都朝向更好的方向发

展，比如说，他更成熟了，更独立了，更勇敢了，更富冒险精神了……可是，对孩子来说，六岁的日子并不是一段容易的日子。

　　一个小男孩就曾这么对他妈妈感慨道："做个六岁小孩，难啊！"

❖ 内心充满矛盾，爱走两个极端

　　在诸多棘手的六岁艰难当中，有一个尤其艰难的地方，那就是他跟早先两岁半的时候一样，又生活在两个极端之中。他的典型特征就是极其左右摇摆。任何时候他都想要熊掌与鱼兼得，要他做出一个决定那实在是两边为难。

　　比如说，一对母女在小朋友的生日派对上，妈妈问小姑娘为什么不到桌子那儿去给自己拿块曲奇饼干。小姑娘是这么回答的："我又想去拿，又不想去拿。"

　　埃德娜·圣·文森·米莱写过一首诗，生动地描写了六岁孩子面临选择时的矛盾：

　　　　"进来吧，乖女儿，

　　　　要不，就在外面玩儿！"

推开门，她站在那儿，

咬着唇，绞着手，

一双困惑的眼睛望着我：

"妈妈，我好难决定，

我又想进来玩儿又想在外面玩儿！"

六岁孩子爱走两个极端的一个特殊的实例，就是他在读书写字的时候，常常把字母和数字的顺序和笔画看反了。

孩子这种容易把字母或者数字看反的倾向，恰好就是我们认为应该推迟教孩子读与写的原因之一。不论在家里教还是在学校里教，都应该再晚一点。六岁时期的视觉颠倒实在是一件难以忽视的事情。

六岁的孩子往往也十分固执。在大事情上他难以抉择，可是一旦决定下来，他又难再改变。不过，小事情上他倒是变来变去得十分迅速。你想给他买份冰激凌，他决定了要香草的，这一决定却立即让他觉得其实他更想要巧克力的，等你买了巧克力的，他又决定还是要香草的。

❖ 认为自己是整个世界的中心

六岁孩子的小小人生中最大的苦恼之一，是他和妈妈之间的关系。这层亲子关系既给了他最大的愉悦，也是他最大的痛苦。大多数的六岁孩子喜爱自己的妈妈，关注着她的世界，需要妈妈不断地保证她爱他；可是与此同时，但凡事情有个什么不对劲，他就把所有的不满都发泄到妈妈身上。

一个小姑娘坐在餐桌边上，两手抱在胸前，不肯吃饭。妈妈劝她吃饭，她冷冰冰地回答说："我怎么吃？连勺子都没有。"

在孩子五岁的时候，妈妈是他整个世界的中心。到了六岁，就完全不再是这么一回事了。现在，他才是自己整个世界的中心。他想要当第一，想要当最好，想要得到最多，想要胜过一切。

六岁是孩子与母亲真正开始分离的起点。实际上，正是孩子这种十分自然的转变，也就是由五岁时与妈妈的紧密相连到现在开始走向更加独立的转变，使得孩子对妈妈往往显得格外强横。而另一方面，他为了要离开妈妈、想要走向独立而做出的各种努力，又使得他内心格外焦虑与惶惑。他担心妈妈会不会生病了，甚至会不会死了，他害怕放学回家时看不到妈妈。因此，以他极端两极化的招牌特征，他很可能这一分钟对妈妈说"我爱你"，下一分钟就对妈妈说"我恨你"。

孩子这份强烈的情绪波动，实在不难理解。他一时间满心是对妈妈的爱，一时间又企图自己学会独立。他的这种两极间的冲突，使得孩子往往陷入迷茫与苦恼之中。不夸张地说，六岁孩子与妈妈之间是典型的纠缠不清。他既如此依赖于她，又如此渴望自己能够不依赖于她。

❖ 很多行为明显恶化

让六岁孩子更为挣扎的是，妈妈还不是他唯一的困扰。大约在孩子五岁半到六岁之间的这个年龄段里，孩子的许多行为似乎从各个方面一起忽然转身，都朝向明显对立的方向发展。且让我们来看看一个非常可爱的小女孩的实例，这里仅仅列举出了她的一小部分的转变：

1. 首先，她一个相当明显的转变，是变成了一个爱哭的孩子。比方说，她因为不想去上学而哭泣，可是她在四五岁的时候总是欢天喜地去上学。她穿衣服时愁得哭，吃早饭时急得哭，怕来不及上学。她甚至因为功课太难了而气得哭。

2. 长这么大以来，她第一次在父母帮她掖好被窝以后不肯好好躺在被窝里，而偏要跳起来，跑到楼下，以示她对命令的抗拒。一个晚上她能折腾六七次，甚至更多。哪怕到了后来，她终于决定要躺进被窝里了，也仍然不肯入睡，还要在那里大声地、无休无止地说话。

3. 曾经吃饭很香甜的她，现在变得每次用餐都很磨蹭，甚至胡闹，搅得满桌子乱七八糟的，没有谁能够好好用餐。

4. 跟两岁半的时候一样，如果让她单独留在父母的房间里，她现在会去把妈妈的东西弄得乱七八糟，尤其是妈妈的衣服和鞋子。

5. 长到这么大以来，她第一次刻意不肯把妈妈放在心上。

6. 和以前完全相反，她现在变得好像不知道怎么样才能跟小朋友一起好好玩了，有事没事就朝小朋友发脾气、使性子。

7. 她一贯良好的健康状况也转了势头，不断地生病，一会儿耳朵疼，一会儿喉咙疼，让她艰难的六岁雪上加霜。

但所有这些棘手的现象，到了她七岁的时候，会全然消失殆尽。

❖ 使家里乌烟瘴气的小烦恼

家里往往因为有个六岁的孩子而变得十分低气压。一个妈妈这样告诉我们："每天早上起来，我都对自己发誓，今天一定要好好让女儿觉得妈妈很爱她。可是，我常常最多只能做到一个小时，因为她总是能做出些很不应该的事情来，最终让我失去冷静而呵斥她。她则每每反过来谴责我不够爱她。她想要怎样就可以怎样，而我呢，对她稍微不够完美就要遭到她的指责。"

孩子最让父母受不了的一件事情，就是他的格外"刺头"。他会一脸傲慢地反诘你："你干吗要知道？""凭什么要我做？""逼我？你试试看！"要是事情真的很不如他的意了，"我爱你"一转眼就变成了"我恨你"。

但是，让人又心酸又不忍的是，六岁孩子从他最恶劣的可恶中醒过来之后，平静下来的他常常会过来问你："尽管我有时候很坏，可是你还是喜欢我的，是不是？"他也有可能在一个充满硝烟的白天之后，有些不识相地过来问你："我今天表现得应该还好吧？"十分引人深思的是，一个孩子的行为和表现越是不值得夸奖和嘉许，他越是渴望和需要你的夸奖与嘉许。因此，越是在六岁艰难之中挣扎得厉害的孩子，越是需要你一而再、再而三地保证，你爱他。

我们必须要牢牢记住，一个六岁的孩子并不是为了要当一个坏孩子才故意那么粗暴、固执、吵闹和顽皮的。他有太多的事情想要去做、去试，可是他的选择往往不够运气。他是如此渴望能做好，做到最好，赢得第一，想要得到喜爱、得到夸奖，因此，任何小小的挫败，都让他很受不了。

他的那些强横、刁蛮的举动，其实是因为六岁虽然是一个相对成熟的年龄，可却又偏偏是一个十分没有安全感的年龄，他极其需要情绪上的安抚和爱的满足。假如你能够有无限的耐心和无尽的意愿，你就能够满足孩子的这份愿望，得到一个比谁都更可爱、更贴心、更热情的女儿或者儿子。

六岁孩子总觉得他才是对的，因此，他一方面接受不了也忍受不了任何的失败与批评，另一方面他又非常喜欢别人顺着他的意思，给他戴高帽子。这也都是因为他内心的安全感不够充足所致。我们认为，六岁孩子很大一部分的倔强、傲慢和颐指气使，其实都是他竭力寻找安全感，努力想要自己独立起来所致。所以，假如他吹嘘什么事情对他来说"太容易"了，那么我们很有理由怀疑这件事情其实对他来说实在是太难了。

典型的六岁孩子还完全不能理解物权的区分及归属关系。

他眼里的世界是芸芸众生的大同世界，几乎没有关于物权的所辖及层次的概念。因此，他有可能因为爸爸妈妈的东西比他的多而不高兴。实际上，这很有可能就是他偶尔偷偷拿人家东西的原因所在。

这个年龄的孩子实际上非常脆弱。他在感情上非常敏感，尤其是当他想表现得好的时候，一点点的挫败、批评、挑剔，都会让他很伤心。可是一旦他调皮捣蛋起来，陷入他"坏"的模式之中，却又变得似乎对任何惩罚都满不在乎。正因为如此，他其实格外需要父母的理解和呵护。

六岁的孩子虽然看起来很鲁莽也很急躁，可是，如果不小心受了一点点小伤，却又往往娇气得不得了。你想帮他把手指头上的一根刺拔出来，或者给他鼻子里点一滴药水，他简直就能哭得呼天抢地。

❖ 使家里快乐的小可爱

然而，前面我们已经说过，六岁的孩子有时候也会是家里快乐的源泉。他最可爱的地方就在于他的一腔热忱。他对新的奇遇、新的游戏和新的想法都充满了激情。他还喜欢炫耀他在学校里学会的东西，喜欢问你各种问题。他喜欢你读书给他听，喜欢跟你一起学新的东西。

他的另一个十分惹人怜爱的特征，是他在感情上的炽热。当他和爸爸妈妈之间相处协调的时候（这样的时候其实总是很多的），没有谁会比他更加敞开胸襟、满怀炽热地向亲人表达爱意了。有些时候，他真可以说是美好的、暖心的、忠诚的而且敬仰你的小小的朋友。

当他眉飞色舞、十分戏剧化地告诉你："你从没有见过的、最最大的！""我所经历过的最美好的时光。"这时候，哦，他是多么的可爱！

开心的时候，他不仅会露齿莞尔，还会欢畅大笑，更会手舞足蹈。哪怕是睡觉的时候，他也会让自己全身心地投入到自己的梦乡之中。这就恰好解释了为什么他一旦做噩梦的时候会是那么懊恼。

六岁孩子的热情相当有感染力，仿佛一切都能让他觉得兴致盎然。因此，为他提供机会，满足他对新奇与快意的向往，实在是你人生的一大乐事之一。

拥有一个六岁孩子，父母的生活很少会是沉闷的。

2.六岁半到七岁之间：孩子的美好绽放的时刻

　　看了上面的一些描述，你可能会有这么一种印象，觉得我们似乎不是很喜欢六岁的孩子。

　　恰恰相反！六岁孩子很可能是世界上最乖巧、最热情、最友爱和最让你开心的可人儿。如果你让我们自己来选择，愿意跟哪个孩子出去玩一个下午，那么我们很可能就会挑选我们可爱的"六岁先生"或者是"六岁女士"！

　　即使在那些糟糕的日子里，六岁孩子的炽热依然随处可见。而一旦他长到了六岁半左右，他则更可能绽放出十分绚丽的光彩来。

　　五岁孩子的天性，是安静的、克制的、平静的、顺从的、

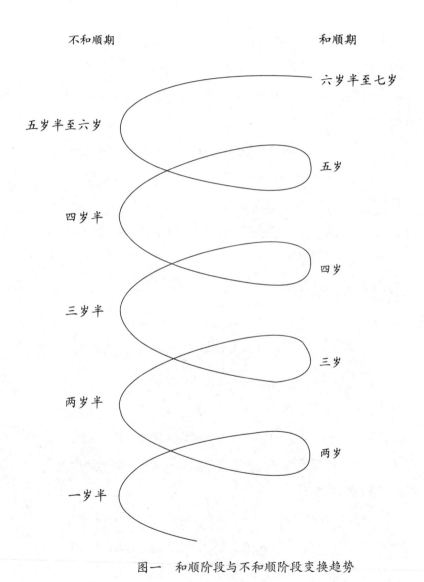

图一 和顺阶段与不和顺阶段变换趋势

听话的；六岁的孩子却常常（天，他太常常了）是一个外向的、逾矩的、矛盾的、粗野的孩子，是妈妈手中一个很烫手的小山芋。到了七岁的时候，孩子再次转为内向，变得安静而内敛。

但是，在太过精力旺盛而且强横刁蛮的六岁与其完全相反的太过忧郁的七岁之间的某个时候，这个年龄段活泼而丰富的特性，会如鲜花般充分绽放。

换句话说，五岁的孩子十分可爱，不过有可能偏于平淡一些；六岁的孩子过于烫手；但是六岁半的时候，却可以是孩子的美好绽放的时刻。

❖ 聪明、幽默、喜欢猜谜

他为什么是个如此可爱的小精灵？原因之一，是他聪明的小脑瓜。他乐于挑战在学校里学到的新东西。他太喜欢数数给你听，说他学会的字给你听，向你炫耀他已经会读的句子。他为他的新能力由衷地感到骄傲和自豪，就如同他发现了新大陆似的。

他这时的幽默感很丰富，是一个很让人愉快的小家伙。如果你真的很想让你的孩子欣赏你，那么请跟他说一个小笑话！他不但会乐得捧腹大笑，还会把你的笑话转述给每一个人听，让你觉得自己是世界上搞笑逗乐的第一能人。

他还特别喜欢跟你玩猜谜游戏："猜猜看，我心里想的是什么？在这间屋子里，蓝色的东西。""我身上的什么东西第一个音从 s 开始？（手）"诸如此类，各种各样的谜面层出不穷，孩子如此沉浸在游戏中，让你也情不自禁地乐在其中。

❖ 行为上热切，感情上炽热

五岁孩子可能觉得你是最完美的人；七岁孩子会有些怀疑你；但是，一个六岁半的孩子却能与你彼此欣赏。孩子这个年龄段在感情上的炽热，十分不同于他在任何其他年龄段的表现。

在这珍贵的短短一瞬间，孩子跟你心心相连，就仿佛他是一个跟你非常有共鸣的、相互赞赏的、情投意合的成年人。他这时候显示出来的成熟度能让你在不知不觉之中深受感动。

尽管"两极化"的六岁孩子会不时地展现出他的负面极端，但是你也很容易感受到他的正面极端：最热切的一个又一个的拥抱，最炽热的一个又一个的"妈妈，我爱你"。他担心妈妈，并且希望你不要出事，对你的任何畅想或建议都热情回应。还有，他特别喜爱探索体力和智力方面新的领域。

这个年龄的孩子喜欢新地方、新观念、新讯息，以及他自己的新成就。他特别善于享受快乐。给他一个小礼物、一份小惊喜、一句小夸奖、一点小零嘴，都能让他欣喜万分，而且这份快乐和喜悦又一定能深深地传染给你。

许多父母只记得他们和六岁孩子之间的那些挣扎，却往往忘记了和孩子之间的许多美好时光。每当回过头来看看的时候，太多的爸爸妈妈只记得孩子的抗辩、抗拒、粗暴、撒野和棘手。之后，他们又只想到七岁孩子的沉默、内向、怀疑和幽怨，却忘记了在进入七岁这个需要父母有足够忍耐力和毅力的新年龄段之前，他们和自己六岁半的小宝贝之间曾经有过这么一段天赐的、短暂的、炽热的和令人兴奋的美好时光。

这段亲子之间的完美时光的确会转瞬即逝。但是，如果你运气不错的话，六岁半可以是孩子整个童年阶段中最美好的、让你最为享受的一段时光。

3.给父母的提醒：对孩子有一份合理的心理预期

我们在讲述不同年龄段的每一本书里，都要给所有的父母一个很重要的提醒，不论你的孩子现在年龄有多大，请你记住：不论是谁（包括我们在内），告诉你说孩子将会有些什么样的行为，你都不可太过较真。

所有正常发育之中的孩子，他们的行为成长都会相当有规律。和顺期之后会跟着不和顺期，随后又再进入和顺期（请参见图一）。这种交替肯定会出现，我们相当确信这一点。而且我们还可以大致上告诉你，按照常规来说，孩子的成长进程大概会是个什么样子。

但是，我们却不可能准确地告诉你，你的孩子会在什么时刻进入哪一阶段。我们也不可能准确地告诉你，你的孩子打破某一阶段或者顺应某一阶段的程度能有多深。有些孩子似乎永远都有些偏于不和顺的那一面，哪怕是在最安详的年龄段里他都更容易跟自己，也跟别人过不去。

可是也还有些孩子，哪怕跟上一段所说的别扭孩子同属于一个家庭，却又有可能是一个仿佛永远生活在灿烂阳光之中的人。他的生活似乎总是很惬意，身边的人和事也总是很顺心，因此要做个好孩子也总是件容易的事。

我们告诉你孩子在不同年龄会经常出现的典型行为，并不是希望你为此而忧心忡忡。相反，我们希望你能够对孩子有一份合理的心理预期，因此当孩子的行为不够理想的时候，你就不必再为之感到焦虑与不安。

母子矛盾占最突出的地位——
六岁孩子的人际交往

　　以六岁孩子典型"两极化"的行为特点，在与他人相处的时候，他既可以展露出最可爱的一面，也可以展露出最糟糕的一面。没有谁会是比他更为活泼可爱、热情洋溢、充满快乐和惹人喜爱的小宝贝，也没有谁会是比他强横刁蛮、不讲道理、充满嫉妒和让人头疼的小捣蛋。在六岁孩子的人际关系中，朋友是一个很重要的概念，其中比较令人注意的一点是，以性别分群的现象开始出现。

1. 与父母之间：母子之间纠葛最 多的年龄

❖ 矛盾与冲突是母子关系的主旋律

首先，关于六岁孩子和母亲之间的关系，在后面的章节里会有更详细的探讨。总的来说，在一个孩子生命最初十年的所有人际关系中，母子关系不但占据了最大的比例，而且占据了最重要的地位。

而六岁，是母子之间纠葛最多的年龄段之一。他既想要贴近母亲，又想要离开她。我们前面讲过，在孩子五岁的时候，妈妈是他整个世界的中心；到了六岁时，他世界的中心则变成了他自己。

由此出现了母子之间的争夺战、拉锯战。孩子在寻找他的中心点，也就是他与妈妈的亲子关系之间的稳定点、平衡点、聚焦点，以及重心点。随着他的成长，他越来越成熟、越来越独立，他就越发想打破旧的平衡，建立属于他自己的独立王国。

因此，在孩子六岁的时候，母子关系的主旋律就是矛盾与冲突。一方面孩子喜爱妈妈、需要妈妈，离不开妈妈的挚爱与接纳；另一方面，他又渴望自己能够独立起来，因此常常又会推开妈妈，搞得不管是自己还是妈妈的日子都十分挣扎。

❖ 对父亲往往心怀敬畏

爸爸也很受六岁孩子的热爱，孩子不但热切地希望得到爸爸的陪伴和关注，而且一旦得到就会如获至宝。事实上，孩子的索要有时候已经超出了爸爸的限度。许多孩子更害怕爸爸的不认可，而不是妈妈的不认可；他更敬佩的人是爸爸，而不是妈妈。有不少孩子相信爸爸什么都知道，觉得哪怕爸爸在公司里上班也肯定知道家里发生着的事情。

不过，有些爸爸却不见得能和他的六岁孩子相处和谐。

比方说，爸爸会觉得孩子再三要求他的关注弄得他很厌烦。六岁孩子的"球风"或者"棋风"也可能会让爸爸很不受用（孩子半点都输不起），而且六岁孩子在爸爸眼里往往不够诚实（他常常到父母的抽屉里偷些小零钱或者小玩意儿）、不够坦诚。

而妈妈则不一样，尤其是留在家里照顾孩子，每天有大量时间跟孩子相处的妈妈，往往更能接纳这些属于六岁年龄段惯有的不成熟行为。可是，爸爸在这样的时候每每会比较严厉："该给他点儿颜色看看了。"

换句话说，除非是一些特别好说话的爸爸，面对六岁孩子的负面表现，总体上来说，爸爸都会比妈妈要缺乏耐心。孩子这时候察言观色的能力已经相当不错了，知道谁更好说话、谁更不好说话。所以，他跟爸爸在一起的时候，常常有可能会比在妈妈面前要乖很多。

因此，假如爸爸偶尔出面接手负责照顾孩子晚上的洗漱与上床，往往能让事情顺利得令人匪夷所思。不过，请你也要记住，假如爸爸从此天天负责晚上照顾孩子上床睡觉，那么很有可能亲子之间的拉锯战就会从母子战变成父子战。谁照顾孩子越多，谁就往往会越多地面对孩子的负面行为。

于是，妈妈偶尔忙不过来的时候，请姨妈、姑姑、奶奶或姥姥出面，帮忙照顾一下孩子，这时孩子每每都会显得听话很多。其实，这正是因为她们很少出面照顾孩子，所以孩子不会把他最坏的一面显露出来罢了，姨妈或奶奶们切不可以为自己果然比孩子的妈妈更为高明而扬扬得意。六岁孩子最美好的一面，以及他最不好的一面，往往都只展现给他的主要养育人。

假如孩子一时间十分不肯合作，那么最好的做法不是爸爸妈妈一齐上阵，而是只留一个人跟孩子"单挑"，这一招往往会十分管用，请你牢记心里。尤其是六岁孩子跟爸爸之间的纠葛通常都没有和妈妈那么深，而且六岁孩子还往往对爸爸怀有一份敬畏之心，因此当孩子大发脾气或者母子间将要出现大麻烦的时候，爸爸登场亮相，往往能解救全家于水火之中。

2. 与祖父母之间：关系融洽且亲昵

❖ 对祖父母充满好感，充满温情与和谐

六岁孩子的那份炽热与挚爱，会令祖父和祖母觉得非常舒坦。只要当爷爷奶奶的不要端着老祖宗的架子，孩子一般都不会让老人家觉得讨厌，祖孙之间一般都会充满温情与和谐。

大多数的六岁孩子既喜欢去祖父母家拜访，也喜欢祖父母到自己家来玩。比如说，我们认识这么一对小兄妹，妹妹表示希望祖母就住在家附近，这样兄妹俩就可以天天去找她玩了；六岁的哥哥听了之后，却说："那就会好事变成坏事了。

真要是那样的话，我们每天有事没事都会往那儿跑，她家就再也没什么稀奇，她也就再没有什么特别的了。"

另一个六岁的小女孩告诉我们，有一天她的祖母来她家玩，她热切地对弟弟说："你猜猜看，是哪个最奇妙的人从楼上下来啦？唉，是爸爸而已。"

尽管祖孙之间常常十分融洽而亲昵，可是，当有人问及孩子的祖父母时，他的应答跟五岁的时候差不多：祖母最好的地方是"给我们做好吃的，还给我们好东西"。祖父最好的地方是"他给我们好东西"。

孩子会告诉你，他之所以喜欢去拜访祖父母，是因为那里有好吃的东西，还有小表亲可以一起玩。他对祖父母的描述也和五岁时一样，仍然停留在外观上，而且往往以头发的式样以及眼镜为主："她留着金色的短发，穿着套装，还穿着鞋。""头发卷卷的，有点变白了。""她戴着老花镜，因为她老了嘛，她会做各种好吃的东西。""对我挺好，还给我买冰激凌吃。"也偶尔会有孩子会说："他看上去很英俊，很和善。""她挺漂亮的。"

❖ 尽量每次只和一个孙儿玩

　　这里我们要给祖父母们一条温馨提示：如果可能的话，每次只接待一个孙儿来玩。单独一个孩子来玩，跟祖父母的相处会很不一样。如果是兄弟姐妹一起来，他们则很可能像是在自己家里一样，在祖父母家里照样打得天翻地覆。

3. 与老师之间：行为得体，言听计从

在家里，六岁的小朋友是一个很烫手的小山芋；可是在学校里，却恰恰相反，六岁的孩子变成了一个最得体的小绅士或者小淑女。在孩子的成长螺旋中，我们不止一次地看到这种令人惊奇的现象：每当孩子的行为随着年龄的增长出现某个显著的变化时，这种变化往往先出现在家里，然后才会出现在学校。比如说，五岁孩子和妈妈的关系，推演到了六岁孩子和老师的关系上。后来在孩子十一岁的时候一切平衡都被打破，以及他在十三岁的时候出现的明显的内敛，也都是这样先出现在家里，几个月以后才出现在学校里。

大多数的六岁孩子在学校里都想要做一个好孩子，老师

怎么说他就怎么听。他喜欢遵从指挥，甚至老师越是严格，他心里就越是有安全感。

在学校里，当然在别的地方也一样，孩子都愿意表现得好，愿意受到夸奖和嘉许。

对于这个年龄的孩子来说，老师的话就是"圣旨"，要照着老师的要求去做才是"正确"的做法。于是，这里会出现一个问题：假如在家里遇到事情的做法跟在学校里很不一样，那么孩子会十分困惑，无所适从。如果妈妈和老师的要求不一样，那么你需要和老师协调统一。否则的话，要求孩子在家里这么做，而在学校里又那么做，对孩子很不公平。（译者注：举个例子，孩子是左撇子，在家里妈妈要求孩子只可以用右手写字，在学校里老师却允许孩子用左手写字，这就是很不一致的地方。）

让孩子在课堂里展示和讲述是一件非常重要的事情，尤其是对六岁的孩子来说，让他把自己感兴趣的东西拿到课堂上去分享，向老师和同学们展示并且讲述，这本身就是一件令孩子十分在意和渴望的事情。（译者注：以我家孩子在美国小学低年级的亲身经历，每个星期他们都会有一天是"展示日"，孩子可以拿自己的小玩具、小石子、书籍等等，到课堂上向大家展示，并简单讲讲这东西有趣的、特别的地方。这样的活动是自愿的，如果孩子忘记了带自己的东西来，他可以在老师的书库里挑一本书；如果孩子不想参与，那么就轮到下一个孩子。最有趣的是，孩子也可以带爸爸去教室"展览"！）

不过，尽管我们说到过老师的话对孩子来说就是"圣旨"，而且孩子往往喜欢老师、尊敬老师，但是，一年级小学生和老师之间的关系，还是没有一年以后的二年级时那么浓厚和亲近。

还有，尽管一整天的学习往往会让六岁的小孩子耗尽心神，可是他很少把他的疲惫和沮丧发泄到老师的身上。相反，他会等到回家以后，好好"收拾收拾"他的妈妈。

4. 与兄弟姐妹之间：
充满磕磕绊绊，对弟弟妹妹尤
其恶劣

有些时候兄弟姐妹之间能够风平浪静、和睦相处，比方说，六岁孩子可能会对哥哥姐姐表现出一定的尊敬，对弟弟妹妹也会显得相当和善，因为他喜欢当他们的老师；不过，以六岁孩子的典型表现来说，他往往不会把最好的一面奉献给自己的兄弟姐妹。尤其是对弟弟妹妹，那更糟糕。

总体上来说，六岁的孩子天生好胜又好斗。什么他都要当第一、只有他才能赢的这些特点，使得他在家里跟谁相处都会有不少的磕磕绊绊。有时候，假如家里另一个孩子比他先到餐桌前坐好，或者得到了一块比他更大的蛋糕，那么他很有可能一整天都十分气恼；如果有什么东西没有给他，却给了家里另一个孩子，这更会让他非常嫉妒；假如他的兄弟姐妹要出去参观一个什么地方，或者要去谁家玩，而他却不可以去，那么这肯定会让他气得暴跳如雷。

对弟弟妹妹，六岁孩子往往会指手画脚、强词夺理、讽刺挖苦、恃强凌弱、威胁恫吓等，真生气了的时候，他还会出手打人。

5. 与朋友之间:
容易发生矛盾和冲突

六岁的孩子很需要小朋友,可是,六岁的天性却使得他和小朋友很难相处。如果是两个孩子在一起玩,有一定的可能他们会相处和谐,至少是在短时间之内;可是,如果三个孩子一起玩,则往往很容易闹矛盾。

六岁孩子总是要再三诘问对方:"你是不是跟谁谁一起玩了?"这句话的意思,和十一岁孩子说这句话的意思一样,表示如果你跟谁谁一起玩了,那我就不跟你玩了。

朋友这个词,对六岁年龄的孩子来说相当重要,交朋友也往往很容易。(虽然他们之间的友谊不见得能维持多久。)比如说有一个小女孩就这么跟妈妈解释说:"要交朋友,那太容易不过了，你只需要走过去，问人家一句：'你跟我一起玩好吗？'然后人家说'好啊'，就行了。"也有些六岁的小孩子会因为太想要交朋友而过于委屈自己，至少在他父母看来是如此。

❖ 在玩耍中争强好斗

可是，孩子之间大多数的玩耍并非风平浪静。六岁孩子跟别人一起玩的时候，不论是言语上还是动作上都会偏于太争强好斗了一些。他们不但会斗嘴、打架、吵闹、顶牛，还容易激动起来，变得相当情绪化。由于六岁孩子什么都想要赢，所以但凡有些竞争意识的游戏就总是会闹矛盾，输了的孩子往往到一边去狠狠生气。这使得六岁的孩子很不容易跟别人玩到一块儿去。而且，他想要的还不是三局两胜的赢，他要的是三局全赢；为了要保证三局全赢，他难免想要耍点儿赖皮。这就给小朋友之间的友情加入了不少摩擦。你很容易听见六岁小朋友在玩耍时不时传来"你赖皮！我不跟你玩了！"的吼叫声。有些六岁孩子还会临场发明一些新的规矩，以保证自己不会输掉。

❖ 对朋友往往看不顺眼，不够宽容

一旦跟朋友之间有了矛盾，六岁孩子不太容易原谅别人，也不怎么有"一笑泯恩仇"的肚量。举例来说，六岁的小姑娘阿璧有一次这么跟妈妈说：

"我不该责骂弗朗辛撕坏了我的小纸人。"

"噢，为什么呢？"妈妈心里想的是小阿璧终于变得更愿意宽容自己的朋友了。

"因为我觉得其实是南希撕坏了我的小纸人。"小阿璧这么回答。

这个年龄的孩子还往往太过于关注朋友的细节动作，而且还都看不顺眼："你瞧瞧她，她以为她是谁啊！""她那撮卷发飞上飞下的，就觉得自己是公主了？可惜她不是，你看看她画的画！"一个频频去指责别人臭显摆的小孩子，在成年人眼里，往往就是一个活脱脱的小"臭显摆"。

另外，尽管有些时候六岁孩子也会愿意去帮助比他小的人，但是他很清楚自己比别人大一点儿就意味着占了上风。例如，一个六岁的小孩子的生日无非比朋友早了一个星期而已，却这么对妈妈提到那个朋友："一个五岁的小屁孩儿，就想要跟我犟嘴？也不掂量掂量自己！"

　　跟一个六岁的小玩伴一起玩可真是不容易。他会威胁人家要回家了、跟别人争吵、骂人、推人、甚至出手打人。他还肯定会责怪别人要赖皮，嫌别人不遵守规则等，而且他对比他小的孩子有时候更加夠呛。万幸的是，这么大的孩子谁都不记仇，哪怕头一天打得昏天黑地，第二天小朋友之间就又会和好如初。

　　❖ **开始出现以性别分群的现象**

　　如果是一群六岁的孩子在一起玩，那么以性别分群的现象开始出现，换句话说，女孩子主要跟女孩子玩，男孩子则主要跟男孩子玩。当然，男孩女孩一起玩的场合也很常见。也会有少数的女孩子有了"男朋友"，他们的玩耍中也就有了"结婚"的话题，然而，有些时候不仅仅是小男孩和小女孩之间会"谈婚论嫁"，还常常包括了跟洋娃娃甚至是小纸人玩"过家家"。

　　总而言之，小朋友的玩耍中会有很多的冲突。一方面，我们完全可以说要和一个典型的六岁孩子做朋友实在不是一件容易的事情；可是另一方面，六岁孩子的生活又实在离不开小朋友。

充满战争的硝烟——
六岁孩子的日常作息

与五岁时的乖巧、听话完全相反，六岁孩子两极化和情绪化的性格特点，使他在日常作息方面的表现实在令家长头疼、崩溃！他们在餐桌上"胡作非为"，穿衣时挑三拣四，在宣泄情绪时每每大发脾气……这些的确都是令家长十分头疼的行为。但不可否认，放肆和野蛮是这个时期不可避免的。六岁的孩子非常脆弱，做家长的与其一味地责骂孩子，不如给孩子更多的宽容，同时，善用与孩子相处的技巧。

1. 饮食：漠视餐桌礼仪，胃口大增

❖ 对餐桌礼仪置之不理

你的六岁孩子现在在餐桌上跟五岁的时候完全不一样了。在这里，我们有必要讨论一下餐桌上的礼仪要求，因为这个问题是令大多数父母在吃饭时最为反感的事情。让你预知你要面对的是一个什么样的"小吃客"，虽然并不会给孩子的行为本身带来什么改变，但是却能让你因此而少生不少的气。

六岁孩子吃饭时最常见的讨厌行为包括这些：把嘴巴塞得满满的，含着饭食说话，抢东西吃，撞倒牛奶杯子，汤汁滴洒得到处都是，踢椅子腿，把椅子翘起来，甚至干脆常常从椅子上掉下来等。

一个很有耐心的爸爸在女儿又掉到地上以后，问她："怎么了呢？你到地上去做什么？"小姑娘不知道该怎么回答才好，看上去有点尴尬，不过倒是因为爸爸没有骂她而松了一大口气。

六岁孩子除了在餐桌上的这些不招人待见的行为之外，还往往吃得很慢。要是餐桌上有兄弟姐妹的话，争吵肯定是免不了的。他这时还不愿意用餐巾，尽管实际上他会吃得满身都是。

不论他在餐桌上的举动有何不妥，他都全然不在意；可是，如果你责怪了他，他却会格外在意，而且，你说他越是厉害，他就越是不肯听你的话。

❖ 食欲大增的"小吃客"

不过，从另一方面来说，六岁的孩子其实应该可以算是一个"很好"的"小吃客"，如果你想想他吃了多少东西进去的话。许多六岁的孩子很喜欢吃，甚至仿佛一整天都在吃个不停。不过，孩子也可能会有些眼大肚皮小，常常给自己碗碟里装得太多却又实在吃不下。

六岁孩子还常常会跟别人抢吃的，尤其要抢最大的那一块儿。如果家里另有一个和他差不多大的孩子，那么他俩肯定会经常因为谁拿了更大的一块儿而争执不休，吃甜点的时候更是如此。

六岁孩子喜欢吃的东西比以前多了不少，也可能愿意尝尝没有吃过的食物，不过，还是有些食物他们喜欢吃，有些他们不喜欢吃。绝大多数的六岁孩子喜欢吃肉、土豆、牛奶、生的蔬菜、花生酱、冰激凌还有糖果，讨厌吃煮熟了的蔬菜和煮甜点。跟四五岁的时候一样，六岁孩子尤其不喜欢吃那些黏糊糊的、疙里疙瘩的东西。他还可能因为偶尔吃到了肉上面的一点点肥膘而从此不肯再吃肉了。

❖ 自理能力"退化"

许多父母对六岁孩子吃饭时的自理能力相当不满意。他肯定还不会自己用餐刀切食，有时候甚至"退化"得连叉子勺子都不肯用，干脆用手指头抓来吃，连土豆泥都用手指头抓。但如果你能细心替孩子把食物分成一小块儿一小块儿的，他还是有可能愿意用叉子的。

2. 睡眠：和顺而安稳，负面情绪较少

❖ 上床睡觉相对和顺

说到上床睡觉，在孩子五岁的时候，大多很顺当，没什么纠葛；到了五岁半的时候，就多多少少开始有些麻烦了。倒不是说孩子不愿意上床，实际上在玩了一整天之后，累得东倒西歪的孩子很愿意去睡觉；但是，问题在于有些孩子这时候变得格外胆小，甚至有可能在关灯以后都还需要妈妈的陪伴。这种情况下，给孩子留一盏夜灯，或者让孩子熟悉的绒布动物或洋娃娃陪伴他，都能起到很好的作用。

到了六岁的时候，情况又变了，上床睡觉这段时间有可能变成了孩子一天中最和顺的时光。通常来说，孩子这时候很愿意上床去睡觉，而不会再像三四岁的时候那般想尽花招拖着不肯去睡觉。

入睡前，有些孩子喜欢拿本书上床，更多的孩子则愿意跟妈妈慢慢地聊会儿天。你的六岁孩子喜欢在这时候向你炫耀他多么会数数。要是这时候爸爸过来陪他说说话，跟他玩玩算术游戏，那就更好了。他也会很乐意向你表演他自己读书的本领。

而最多的情况，则是母子间利用这段时光相互和解。假如白天的时候母子间发生了不少战争，而且事情往往就是如此，那么这时候孩子会愿意跟妈妈讲和。即使是最糟糕的一天，也可以因为跟妈妈一席温馨的闲谈而以愉快告终。

六岁孩子极少仍然需要下午的小憩，因此，到了晚上七八点的时候孩子都已经倦意浓重，很想睡觉了。

❖ 睡眠质量相对较高

前面我们说到，六岁的孩子可以算是不错的"小吃客"，其实他也往往是个不错的"小睡猫"。大多数孩子可以通宵都

睡得很香甜，被噩梦惊醒的情况也比五岁半的时候减少了很
多。即使孩子被噩梦惊醒，父母哄一哄他就会安静下来。有
些孩子很容易就能重新哄睡，有些孩子则有可能想要到爸爸
妈妈的床上去。如果这孩子以前一直喜欢睡在自己的床上，
现在偶尔要跟爸爸妈妈睡，那就让他睡好了，孩子并不会从
此就赖着不走了。

❖ 睡醒后麻烦较少

六岁孩子需要的睡眠时间有长有短，平均来说夜间大约
需要 11 个小时的睡眠。早上醒来的时间也有早有晚，大部分
孩子醒来以后可以自己照顾自己，不会去打扰父母休息。孩
子醒来以后往往更愿意看看书什么的，而不是赶紧穿上衣服。
如果你把衣服预先替孩子摆好，他有可能会自己穿上衣服而
不怎么闹别扭。

3.排泄：自控能力增强

❖ 小便方面

不论是白天还是夜晚，六岁孩子已经很少尿湿自己了。不过，孩子倒是有可能因为光顾着玩儿，最后憋得实在受不了，只得急匆匆往厕所跑。所以，在孩子出门去玩耍或者旅行之前，父母最好能提醒孩子先上一趟厕所。

但是，在学校里或者其他的让孩子情绪比较紧张的场合下，六岁的孩子不小心弄湿了自己也不能算是稀奇事。一旦出现这样的情况，孩子自己会觉得很羞耻，因此十分需要父母和老师的安慰，告诉他这样的事情很正常，也很常见。

不少孩子到了这个年龄可以一整夜都不必起来上厕所。

有些还需要半夜起来撒尿的孩子，一般都能自己照顾自己；不过，如果厕所用起来很不方便的话，孩子还是会需要父母的帮助。

半夜尿床的六岁孩子，虽然很少了，但也不算是稀奇事。如果父母不愿意继续等下去，可以试试看市面上出售的尿床治疗仪。不过，我们还是建议父母最好能再多等一年，让孩子自然成熟，直至不再尿床；实在不行的话，等孩子到了七岁再使用治疗仪也不迟。（译者注：尿床治疗仪在《你的4岁孩子》中有比较详细的介绍。这实际上是一种尿湿蜂鸣器，孩子一旦尿湿以后会一直响个不停，直到有人过来关掉开关。这时，父母自然会唤醒孩子起来撒尿，渐渐地，孩子就会自己知道醒来撒尿了。）

❖ 大便方面

大便方面，总的来说，孩子已经能控制得很好了。不少孩子能够每天在一定的时间段之内解大便，不过也不是所有的孩子都这么有规律。六岁孩子大便几乎不再需要任何帮忙了，当然不排除有些孩子还是偶尔会弄脏自己，尤其是在放学回家的路上。这会比尿湿了裤子更让他羞愧不堪，也更让父母烦恼。

如果孩子出现这样的意外，父母可以试着让孩子上学前在家里解大便，因为有些孩子不太愿意用学校里的厕所，所以，到了放学回家的时候就已经憋得忍不住了，尤其是如果回家的路上还要顺路去个什么地方，或者是一路走一路玩的话。

不论孩子是意外尿湿了还是屙到裤裆里了，父母都不应该斥骂孩子。相反，父母应该把日常作息计划得更周详一些，以免孩子再陷入这样的尴尬之中。

有趣的是，这个年龄的孩子骂人的时候常常会用上些排泄方面的词汇。"你臭死了"就是孩子常用的骂人词汇之一，而且这很可能是一个实事求是的形容词。

4. 洗澡和穿衣：不配合，麻烦不断

❖ 爸爸帮孩子洗澡会相对顺利

洗澡：如果你提醒六岁的孩子饭前洗手，虽然他有些不情愿，但大多数的孩子还是会照办。可是，晚上洗澡就没这么容易了，前一阵子还那么乐意洗澡的他，现在却变得很讨厌洗澡，以至于有些妈妈不得不做出退让，由每天洗澡变成隔一天洗澡。

有的孩子根本不肯自己动手洗澡，有的孩子只管洗自己身上的一小部分，还有的孩子则企图全部靠自己洗。不过哪怕是最独立的孩子也还是需要妈妈稍微帮一下忙，比如倒洗澡水，还有替孩子把后脑勺和脖子下面再稍微洗一下。

如果爸爸愿意承担这项工作的话，那么孩子洗澡会比由妈妈照顾更为顺利也更为迅速。虽然六岁的小孩子一般都不肯洗澡，可是一旦进了澡盆子，他又会在里面磨磨蹭蹭、不肯出来。如果你想要孩子快点儿出来的话，可以使用计时数数的方法，也可以预先说好洗完澡之后做一件什么有趣的事情。

❖ 穿衣服——战争

穿衣：一说到穿衣服，往往就是一场战争。我们认为，只要六岁的孩子愿意，他已经有了这个能力，他可以自己穿衣服；问题是，他却往往没有这个意愿。他既需要你帮他穿衣服，又往往不愿意接受你的帮助，结果就常常是两相争执。也许你可以和孩子商量好，每星期的星期一、星期三、星期五由妈妈替他穿，星期二、星期四、星期六则完全由他自己穿，这样做的话，亲子之间的剑拔弩张应该会缓解很多。尤其到了周末的时候，孩子要急着出去玩，这时候他穿起衣服来，那才叫个手脚利索呢。

有些孩子只需要妈妈陪伴在旁边就好，完全可以自己穿好衣服。不过，多数孩子还是需要妈妈帮忙，比如帮他穿上小靴子，套上外套的第二只袖子之类的。

女孩子往往会因为想不清楚到底要穿哪件衣服而纠结很久。妈妈可以把选择范围缩小到从两件当中选一件，而且允许孩子在这两件当中反复改变主意。这样做的话会帮孩子减轻不少的心理压力。

鞋子是个麻烦，不论是我们的六岁男孩儿还是六岁女孩儿。男孩子最常遇到的麻烦是，回家以后把鞋一脱一扔，然后就往往会有一只鞋或者两只鞋不知道哪里去了。到了该上学的时候，妈妈每每急得直抓瞎："你把鞋子脱哪儿啦？！"

尽管六岁的孩子对衣着有一定的讲究，愿意自己的衣装体面而好看，可是，男孩也好，女孩也好，却没有谁会好好地爱惜自己的衣服。有一位妈妈说得好："她喜欢穿得讲究，可是脱的时候一点也不讲究。"没错，典型的六岁孩子脱了衣服后往往就是随手那么一扔，跟天女散花一样。

❖ 头皮对疼痛非常敏感

头发也是个麻烦，当然，女孩子的头发要比男孩子的麻烦很多。大多数男孩这时仍然喜欢留短头发，所以梳子也好梳耙也好，都不会把头发抓得很疼，也不需要花什么时间。可是，留长头发的女孩子，却往往在妈妈帮她梳头发或者编辫子的时候又吵又恼，嫌妈妈把头皮弄疼了。不过，看来这段时间孩子的头皮对疼痛似乎特别敏感，所以一边梳头发的时候，你不妨给孩子一本书让她一边读着，这样的话，她转移了注意力，就疼得没那么厉害了。

5. 紧张情绪的宣泄涨到最高潮

因为典型的六岁孩子内在两极冲突强烈，孩子这时候格外需要宣泄紧张的情绪，那就没什么好让人奇怪的了。在安详的五岁，这种宣泄自然处于低潮；到了五岁半的时候，开始涨潮；到了现在的六岁，自然就涨到了最高潮。

六岁孩子常见的各种宣泄紧张的途径有不少，从身子拧来拧去，到双脚踢来踢去，胳膊舞来舞去；从很伤人的用词"我恨你"，到大发脾气、满地打滚。有时候，孩子朝父母的发泄与撒泼，实在是过于放肆而野蛮。在这时候，妈妈不妨过去把孩子整个拎起来，送回到他自己的小屋里去，让他自己在里面安静一会儿。

妈妈还可以采取的另一个对策是，在孩子还没有大发脾气之前，及时处理孩子的情绪，比方说，妈妈可以用平和甚至幽默的说辞，把孩子的注意力从那件让他十分恼怒的事情上转移开去。

除了这种偶尔的大发脾气之外，孩子还有许多其他相对微小的信号，能让你知道他需要宣泄他紧张的情绪。比方说，他可能甩动肢体、拧动身子、撕咬指甲、使劲挠痒痒、锁紧眉头、咬紧牙关、啃咬头发或者铅笔、掏鼻孔，等等。坐在餐桌前吃饭的时候，他也忍不住不停地折腾，又是踢椅子腿（或者是他的兄弟姐妹），又是在桌子上抢餐具什么的，又是频频要从椅子上掉下去。这时，牛奶杯子之类的东西，最好拿得离他远点儿，免得被他挥来舞去的胳膊碰倒了。

六岁孩子的手总是东抓抓西挠挠，尤其是在他的脸上忙活个不停。他的嘴巴也不会闲着，不停地啃指甲咬铅笔等。大多数孩子这时候对啃指甲的"热情"已经超越了他对吸吮拇指的"爱好"。

还有，孩子在这段时期脸部的怪异表情非常频繁，清理喉咙的咳嗽声也不绝于耳。他说话时的结巴可能会重新出现，或者比以前更加厉害。

除了这些现象以外，六岁的孩子也好像忽然变得十分笨拙，就像妈妈们常常说的："连根绳子都能把他绊个跟头。"很多男孩子会突然爆发似的发作起来，他们似乎有太多这种需要消耗掉的、随时发作而且带有破坏性的能量。每当孩子感觉紧张到极点的时候，他的这种往往很惹人讨厌的宣泄行为，常常会招致父母的斥责，亲子战争于是在所难免。其实，这时候父母最好的做法，应该是想办法迅速扭转紧张的局势，比如说，把孩子带到家里或者学校里的另一个地方，而不是去惹得孩子越发恼怒。

　　一方面，不论成年人如何谨慎处理都不可能完全消弭孩子所有的紧张情绪；另一方面，孩子的这些紧张宣泄，尤其是十分严重的宣泄，很可能是给父母和老师的一个信号：孩子在家里或者学校里承受的压力太大了。我们应该保护这么小的孩子，尽量避免对孩子做过高的要求。

6. 健康方面

❖ 健康状况令人担忧

六岁孩子的情绪波动如此之大，由此我们完全可以想象得到，孩子的健康状况也会变得不如以前。不仅仅是孩子的情绪让六岁的日子变得十分棘手，连孩子的身体状况也是雪上加霜。

首先就是孩子常常哼唧这儿疼那儿疼。哪怕孩子并不是真的生病了，可是他也的确容易腿疼、胳膊疼、后背疼。梳头的时候，头皮对疼痛也敏感得厉害。

六岁孩子的身体里各种黏膜组织似乎也都变得非常敏感，而且比其他年龄更容易染病。眼睛有可能患上沙眼或者麦粒肿；女孩子的外阴有可能红肿而需要擦一点刺激性很小的药膏；鼻腔和喉咙部位的黏膜明显比其他年龄更为敏感；不但喉咙容易红肿感染，孩子的耳道和肺部也容易受到感染；内耳道发炎的概率再次达到患病高峰，而上一次的中耳炎高峰是在他两岁半的时候；他还总是抱怨太热了，而且也真的很容易出汗。

传染性的疾病，例如天花、百日咳、白喉、猩红热，都可能频频来骚扰六岁的孩子。（译者注：这本书发表于1979年，因此这些病症是30多年以前的常见病，现在的家长们大可以放心了。）孩子的过敏反应也比较厉害。

❖ 对伤痛、药物等感到害怕、抗拒

六岁的孩子不但很容易疲倦，也很容易摔倒、受伤，他身上随处可见各种割伤、擦伤和瘀伤等。而且孩子也往往把这些小伤看得很严重，出了一点点血就觉得要了他命似的，替他拔一根小刺那就更不得了，他的反应甚至能歇斯底里。爸爸往往因此而呵斥自己的孩子是"胆小鬼"，因为六岁的孩子也太容易为了一点点小伤就呼天抢地了。

如果你的六岁孩子鼻子不通，你曾经拿着滴鼻剂反复地

哄他："妈妈喜欢点鼻子，爸爸喜欢点鼻子，小罗罗也喜欢点鼻子"，而孩子还是怎么都不肯让你点鼻子的话，你肯定已经深深地体会到了要给这么大的孩子吃药、擦药该有多么艰难。实际上，这个年龄的孩子往往会拒绝一切进入到他身体里去的药物，包括棉条、灌肠、滴鼻剂，等等。这就跟他很抗拒对他的一切人身攻击一样，哪怕是最轻微的批评和指责，他都会受不了。

Chapter 4

善用方式方法——
与六岁孩子
相处的技巧

　　六岁到六岁半的孩子往往是强横刁蛮和异常情绪化的"小炸弹",随时有可能爆炸。和六岁孩子相处,运用一定的技巧来化解矛盾,不但是最为需要的,也往往是最有成效的。书中提供的一些技巧不一定就会对你家的孩子有效,但是你肯定会发现,在很多情况下的确能帮你不少忙。你一定会惊讶于仅仅是因为你说了恰当的话或做了恰当的事,就能令你那狂躁的小暴君奇迹般地变成了你友善的小伙伴。

1. 有效管教孩子的八个技巧

和六岁的孩子相处，运用一定的技巧来化解矛盾，不但是最为需要的，也往往是最有成效的。我们虽然不能保证下面的这些技巧一定就会对你家的孩子有效，但是你肯定会发现，在很多情况下的确能帮你不少忙。

事实上，到时候你一定会惊讶于仅仅因为你说了恰当的话或做了恰当的事，就能令你那狂躁的小暴君奇迹般地变成了你友善的小伙伴。

❖ 技巧一：夸奖

好，来了！第一招：夸奖！我们知道，想要从六岁孩子的身上找出什么值得夸奖的事情来，实在是不容易，不过，请你一定要尽力去找。我们记得曾有这么一个故事，某个可怜的妈妈，她的宝贝六岁儿子给了她不折不扣的一整天的折磨。到了晚上该睡觉的时候，小魔鬼仍然在继续折腾。这时，妈妈绞尽脑汁，希望能够想出点儿什么事情来夸奖他一句。想啊想，终于，她想到了一点：

"汤米，我特别替你骄傲，今天早上在学校里，你祷告的时候说的那些话，说得可真好！"（其实这是好几天以前的事情了，那天早上孩子们在学校里做了祷告。）

汤米的吼叫和眼泪瞬间就停了下来，问道："你想再听我说一遍吗？"他的语气带着渴望。真的，事情往往就是这样，哪怕孩子十分胡搅蛮缠、蛮横无理，但你的几句溢美之词确实常常能够创造奇迹。

❖ 技巧二：给机会

第二招，我们的另一个法宝：给机会。很多六岁的孩子都会用"我不干"来直接拒绝你的任何要求。别把这句抗拒放在心上，也别跟孩子正面冲突，请你试着这么回应他："我想你可能需要我给你三次机会。"

让孩子发觉他不但可以明目张胆地抗拒你，而且还可以有机会避免立即跟你开战，这会让他明显放松下来。通常来说，我们的六岁孩子会在用掉他最后一次机会之时，顺从你的要求。

❖ 技巧三：数数

第三招，数数。数数的效果跟"给机会"不相上下。如果你想让你那小丫头或者小小伙做一件什么事情，而人家却像个小木头桩子一样一动不动，你怎么办？你可以平和地、很有信心地说："我来数到十，看看你能不能开始了。"（当然，你愿意数到几都可以。）

这么做等于给了孩子一点儿时间来收敛心神。如果你发现孩子还在继续拖延，不肯顺从，你不妨数得更慢一些，多给孩子一些时间。

还有一个类似的做法，你可以在挂钟上做记号，告诉孩子："等大针指到顶上这里的时候，你就该收拾玩具了。"也就是说，不需要让孩子立即停下玩耍来服从命令，你得提前给他预告，给他时间接受你的要求。

❖ 技巧四：避其锋芒

第四招，避其锋芒。不要跟孩子以硬碰硬。与其直接跟孩子的挑衅行为针尖对麦芒，你不如干脆转换主题或者环境。许多六岁的孩子都会竭尽挑衅之能事："我不干！""逼我，你试试看！"但是，当他们发觉战火并不会燃烧起来的时候，反而会松一口气。（也许，最终倒是妈妈不在乎战火会不会燃烧起来！）

有一个办法能有助于你尽量避开针尖对麦芒的硬顶，那就是你要尽可能地少给孩子下直接指令。这一点你应该在孩子更小的时候就已经验证过其可行性。针对你的六岁孩子，除非在万不得已的情况下，请你尽量间接地给孩子指令，这反而会减少你很多麻烦，节省你很多时间。

❖ 技巧五：讨价还价

第五招，很简单，讨价还价。你当然不可以在每件事情上都跟孩子讨价还价，这样做不但会浪费你很多时间，而且还会给孩子留下一个你软弱可欺的印象。但是，偶尔用一下，效果会相当不错。举个例子，我们认识的一个小女孩，特别爱吃棒棒糖，没完没了地缠着她妈妈索要，搞得她妈妈筋疲力尽。终于，妈妈跟小姑娘提出了条件，跟她讨价还价：如果小姑娘真能尽力克制自己，不去招惹她哥哥，那么她可以每天吃一根棒棒糖。果然，从那以后，为了每天得到一根棒棒糖，小姑娘的行为收敛了很多。

❖ 技巧六：让步

第六招，让步。你可能觉得这一招有些软弱无能，但是，这一招的成功率很高，往往能解救你们双方于战火之中，从而彼此都大松一口气。有些时候，你会注意到自己的一些指示、命令和规矩等其实并非是什么要紧事。因此，假如你发现孩子对你的要求非常抗拒，你可以让自己先缓几口气，再好好想一想，然后对孩子说："呃，好吧，你不做也没什么关系。"

这些都是我们最好的对应方法。当然了，还有好多其他的方法，你也可以不时用用看。

❖ 技巧七：冷处理

冷处理，也就是把孩子从"战斗"中拽出来，让他单独"凉快"一下；或者你们俩都各自退避三舍。这一招有时候相当管用。

❖ 技巧八：漠视

漠视也可以是六岁孩子父母手上的王牌之一。跟当初同样十分棘手的两岁半的时候一样，面对孩子的各种淘气行为，视而不见可以是父母能够采取的最有效的行动之一。只要不是特别危险的、不出面干涉不行的事情，针对一些虽然十分惹你讨厌、但是并不会造成多大伤害或损失的"坏行为"，请你权当没看见。没错，这类讨厌的行为的确值得打屁股，可是，你打了他也不会对六岁孩子的特有行为带来多大影响，所以，越少打屁股越好。

❖ 避开雷区

另外，请你仔细观察一下，在什么情况下孩子最容易出现最糟糕的行为。一旦你注意到了这些，那么，请有意避开一定的时间、地点和人物，这会帮助你们免于"陷入雷区"。

我们来举一个例子，六岁孩子在一定的场合下常常出现恼人行为："人来疯"，也就是大声吵闹、尽出洋相，而且你怎么说他都不听。家里来了客人的时候，六岁孩子"人来疯"

的表现，通常有以下几方面：

他想要成为整个聚会的焦点，而且这种欲念很难克制；

他要把球扔到你的脸上，过来踩你的脚，爬到你身上，坐到你腿上；

他频频上前打断你们的任何对话，想要当你们的"会谈主持人"；

他不断想炫耀他各种上蹿下跳的运动健将的本事。

如果有人要来你家做客，那么你可以建议你的客人这么做：

1. 给孩子带个礼物来；

2. 给他一个机会，让他出出风头，比如把球扔到人的脸上、打个倒立、来几个特技等；

3. 让孩子带着客人去参观他的小房间，参观他的玩具。

这些举措越早出手效果越好，尤其是当客人刚刚进门，孩子的行为相对没那么过分的时候就这么做，那么事情要比等孩子的"人来疯"越来越过分之后，把他拎出客厅去惩罚一顿要远远好得多。

2. 日常作息和顺的六个对策

下面，我们再来介绍几项针对日常作息方面的棘手情况的对策。

❖ 对策一：用餐

吃饭的时候，因为六岁孩子总要动个不停，手脚也相对笨拙，注意力转移得也很快，所以此时常常会惹出不少事情来。这种情况下，明智的做法之一，就是让孩子紧挨着妈妈坐，而且尽可能地远离爸爸。这样的话，妈妈可以在孩子需要的时候不动声色地出手相助，例如，在杯子被撞倒之前伸手扶住，诸如此类。

还有一个明智的做法，就是在每次给孩子添饭添菜的时候，少盛一点，吃完了再添，这会比给孩子盛上满满一大盘，然后期待他全都吃完要好很多。你要理解，有些孩子的胃口就是特别小。做饭做菜的时候，你要尽量做些孩子可以用手抓来吃的东西。

孩子在餐桌上的"粗鲁"行为，你能不管就别管。等过一年再来讲究餐桌礼仪也不迟，而且到那时候你一定会事半功倍。

孩子早上上学如果常常胃疼的话，早餐的时候要少给孩子吃些东西。还有，如果能找到比孩子大一点的，而且他也喜欢的小朋友陪他去上学，会有很好的效果。再有，而且是相当重要的一条，你一定要确保孩子这时候真的具备上小学一年级的能力了，否则的话，上学本身就会令孩子不堪负荷。

❖ 对策二：就寝

睡觉的时候，虽然大多数孩子都不怎么闹别扭了，但是仍然会有某些家庭为此苦恼。办法之一，是妈妈预先安排好自己的时间，把晚上的时间腾出来，轻轻松松地陪孩子聊聊天，比如聊聊白天的事情，或是随便一些大家都喜欢的话题。

如果你的孩子很难入睡，或者睡着后很容易惊醒，那么你可以参考一下伦敦·史密斯博士的杰出著作——《从饮食入手改善孩子行为》。他在这本书中指出，下午三点之后，给孩子吃一点点含蛋白质的点心，比如传统的花生酱；晚餐更是要吃含蛋白质的食物，而且不要吃甜点等任何含糖的食物，这会对孩子晚间安睡很有好处。还有，晚上入睡以前，可以再给孩子吃一小口含蛋白质的食物，比如说奶酪、花生酱、核桃仁等等，这能预防孩子因为血糖过低而睡不安稳。如果孩子夜间能睡个好觉，他早上起来不但会神清气爽，而更会乐意好好吃顿早饭。

❖ 对策三：着装

穿衣服的时候，当然，也包括早上起来梳头发。假若你有一个六岁的小女儿，她的头皮对疼痛似乎格外敏感，每次你帮她梳头发的时候都弄得人家以为你在杀小猪，那么，如果你能说服孩子同意帮她理个短发，就留短发吧，这会使得你俩都能因此而少生很多气。

假如早上起来以后挑选衣服是一桩麻烦事（在这一点上，照道理来说，男孩子没有女孩子那么讲究），那么，如果有一定的选择余地的话，你可以从衣橱里只拿出两件衣服来，随便孩子怎么挑选（这么做至少能很有效地缩小麻烦的广度）；如果没有选择的余地，你就干脆只拿一件出来，立场坚定地告诉孩子："就这件。"

❖ 对策四：情绪控制

宣泄紧张情绪的时候，作为六岁孩子的父母，你肯定少不了要面对这种情况。一旦出现最糟糕的状况，孩子撒泼到了你的忍耐极限，请你直接把他抱起来，拎回到他自己的小屋里，让他冷静下来。不过，如果情况没有这么糟糕，他的宣泄并不怎么野蛮，那么最好的应对方法就是你尽量别去搭理他，越假装看不见越好。

❖ 对策五：关于看电视

尽管人们纷纷谴责看电视带来的坏处，但是，电视确实是一个非常好的工具，能帮助你和你的六岁孩子相对顺利地度过一天。你可以要求他必须达成了你的某些要求之后，才可以去看他喜欢的电视节目；你也可以告诉他在某个特别的节目开始之前，他的表现必须足够"好"，到时候才可以打开电视观看。

❖ 对策六：道德问题

最后，如何处理道德方面的问题。我们必须承认，六岁的孩子还仍然做不到总是能分清"你的"和"我的"。换句话说，他的确常常会偷人家的东西。一般来说，这种行为只局限在自己家里，孩子可能会从父母的抽屉里偷点钱币或者小玩意儿。如果是这种情况，除了给孩子解释他不可以拿不属于他的东西之外，你最好把抽屉锁起来，并且告诉孩子，这么做是为了帮他记得不该拿别人东西而已。

孩子的这种小偷小摸，大多是轻微而短暂的行为。假如孩子从别人家里拿了东西回来，你当然要敦促孩子一定还给人家。如果孩子勇气不够的话，你应该陪着他一起去。

六岁孩子的另一个道德方面的问题，是他不但做不到总是说实话，而且，一旦他做错了什么事情，而你偏要去指责他的不是，那么大多数情况下他很可能矢口否认。因此，假如他打碎了你心爱的花瓶，即使你很清楚是他干的，也请你千万不要去问他是不是他干的，因为他十有八九会拒不认罪，哪怕他的膝盖正跪在碎玻璃上。如果你一定想要确认到底是不是他干的，你可以绕着弯子问他："那花瓶放在那么高的架子上，你是怎么够到它的？"这时候，他反而很可能解释给你听，他如何推了一张椅子过去，爬到椅子上面，如何如何。

❖ 爸爸妈妈的最佳王牌

总而言之，最为重要的一条就是，妈妈或者爸爸手上的最佳王牌，就是请你对我们可怜的小家伙宽容一些！这毕竟是他内在最纠结、行为最不成熟的年龄段，做一个六岁的孩子真的很不容易。

5
Chapter

活动丰富、兴趣广泛、创意无限——
六岁孩子的兴趣和能力

六岁的孩子，不分男女，都体力无限，总是动个不停。他非常富有冒险精神，什么都想去试试，对任何新奇的东西或者事情，都会很感兴趣。总之，他既能让你为他的热情洋溢所感染，又往往让你为他的调皮捣蛋而头疼。

六岁的孩子创意无限，想象力天马行空。作为父母，你需要多带孩子出去增长见识，为他提供一个有益于充分发挥并且发扬创造力的环境。你要知道，孩子的创意不会凭空生出来，孩子需要丰富的生活体验。

1.玩耍方面：体力无限，总是动个不停

❖ **爱好的游戏**

　　五岁的孩子喜欢在家的附近做些他得心应手的事情。不熟悉的事情和没把握的事情，他通常不肯去做。六岁的孩子则相反，他非常富有冒险精神，什么都想去试试，对任何新奇的东西或者事情，都会很感兴趣。

　　五岁的孩子玩耍的时候经常是在小范围之内做些相对谨慎的动作；六岁的孩子则相反，总是在大范围之内伴随着大动作，用妈妈们的话来形容就是，他"随便做个什么，都要

弄得满天满地都是"。

当然，六岁的孩子仍然喜欢五岁孩子的一些活动，比如说剪剪贴贴、涂涂画画之类的。并且，何止是喜欢，他简直就是热爱色彩和绘画！而且他的绘画充满丰富的想象力，犹如天马行空。男孩子会特别喜欢画宇宙飞船、飞机、火车和轮船，诸如此类，女孩子则更喜欢画人物和房子。（做父母的可能不得不增加预算开支，才能满足得了孩子对这些兴趣的需要。）

他四岁时对玩水、玩泥土的浓厚兴趣，现在又回来了。六岁的孩子太喜欢掏泥坑、挖泥路、筑泥房子了。有时候他挖的泥坑那叫个深，简直就到了让你恨得牙痒痒的地步。夏天的时候，你倒是可以让孩子在院子里帮忙照顾一下瓜果蔬菜什么的。不过，可别指望孩子能够善始善终，他吃东西的时候是眼大肚皮小，做事情的时候也是如此。

照顾小动物也是这样。他特别想要某个小动物，可是你若真给了他，不论多么喜爱，他也不会花多少力气去照顾它。

六岁的孩子几乎没有谁还会继续喜欢他的三轮车。如果五岁的时候你还没有让他学会骑两轮自行车，那么，现在他难免会遭朋友讥笑。不过，也不是所有的六岁孩子这时候都有能力骑自行车了，因此，你不妨去邻居那里借一个儿童自行车回来，让孩子先满足一下他想试试骑车的欲望，等明年他到了七岁的时候，再去给他买一辆属于他自己的自行车。

这个年龄的孩子，不分男女，都特别好动。他们既愿意花大量的时间在室内享受自己喜欢的绘画、手工之类的活动，也非常喜欢到室外去东奔西跑，玩儿各种游戏，比方说，"警察抓小偷""藏猫猫"、滑旱冰、荡秋千、游泳，在儿童游乐场的攀登架上表演各种特技等。有时候，你干脆就说不出他在玩什么，总之他体力无限，总是要动个不停。

尽管男孩和女孩都可能喜欢各种室外活动，不过，男孩子多以球类活动为主，女孩子则更喜欢跳绳子、跳房子等。

穿各种衣服装扮成大人，仍然是他的喜好之一；除了传统的"过家家"之外，他还尤其喜欢模仿在学校里的各种活动，想象力十分丰富。这种假扮成大人的游戏女孩子玩得特别投入，她会格外喜欢妈妈某一顶款式新颖的帽子、某一款漂亮的鞋子，还有妈妈的口红等。

洋娃娃游戏也是女孩子玩得格外起劲的东西。实际上，对于许多女孩子来说，这时候对洋娃娃的热情简直达到了最高峰，她喜欢不停地给娃娃穿衣服、脱衣服。这个时期，孩子的游乐间或者自己的小房间里，随处可见裸着身子的洋娃娃（这些"裸体娃娃"许多父母都很看不顺眼）。小姑娘不但特别喜欢娃娃，而且所有"属于"娃娃的小东西她都特别喜欢，比如小衣服、小提箱、小家具，等等，这些小东西使得"过家家"的游戏活灵活现。不少小女孩这时候已经开始喜欢玩小纸人了，不过现在还不是主流，等到了七岁的时候，她对小纸人的兴趣将会更加强烈。

和女孩子一样，男孩子也喜欢玩"过家家"、假装上学等游戏，不过，小伙子更喜欢假装当牛仔、当强盗、当警察，更喜欢玩打仗游戏。朝敌人射击，并且把自己藏到隐蔽处，这常常是他最喜欢做的两个动作，不论他父母怎么讨厌这种"血腥行为"。还有，男孩子普遍喜欢火车，发条玩具和电力火车也是男孩子的最爱。对了，男孩和女孩从这时起开始渐渐有了"收集癖"，不过，六岁孩子的"收集癖"还很粗浅，而且他们的收集尚不知道讲究分类。

摆积木、做木匠等活动则是男孩和女孩的共同爱好。六岁孩子喜欢的活动实在是太丰富了，我们在这里说也说不完。

❖ 不适合玩竞技性游戏

尽管从情绪的激烈变化方面来讲，六岁的孩子其实不适合玩儿任何竞技性游戏，可是，他却偏偏喜欢各种桌面上的竞技游戏，比如扑克牌、多米诺，还有中国跳棋等。因为六岁的孩子个个都特别输不起，所以常常要赖好让自己"赢"。一旦没能如愿以偿，哭闹自然在所难免，而且他往往还要指责对方要赖。（懂得孩子这种心理的、十分慈爱的爷爷奶奶，估计会是你家六岁孩子最好的玩伴，因为爷爷奶奶每每愿意假装输掉。）不管怎么说，也不管谁是他的对手，六岁的孩子少不了要临时规定一些新的游戏规则，好让他自己能够"赢"。如果你让孩子玩拼图，应该没这么多争执，因为拼图游戏的竞技性质淡了很多。

2. 阅读方面：喜欢读书，
   阅读兴趣广泛

　　几乎所有的六岁孩子都非常喜欢读书。有些孩子仍然很喜欢你读给他听；有些孩子则愿意尝试自己从书中挑出他能认识的字出来；还有些孩子已经真的有能力自己读书了，而且这样的孩子还尤其喜欢朝爸爸妈妈炫耀他的新本事。不少孩子这时已经很善于利用公共图书馆的便利，不过大多数的孩子还是更偏爱属于他"自己的"书籍。好在现在市面上的各种儿童经典名著都有了物美价廉的简装本，买书也不会太贵。

　　六岁孩子的阅读兴趣非常广泛。四五岁的时候，孩子喜欢幽默风趣的书，到了六岁，他仍然继续喜欢。如果学校比较重视读书，而且孩子本身也识字偏早的话，那么他现在估计会非常喜欢《我自己读》系列的低幼绘本读物。

任何关于动物、虫子、小鸟之类的绘本，比方说，《臭脾气的花大姐》《快乐的小猪》《淘气小猫咪》《小老鼠的故事》，等等，都深受每一个孩子的喜爱。带一点点冒险、侦探色彩的绘本故事，比如说《丢失了的小手套》《小兔子的奇怪脚印》等，也很受孩子青睐。

实际上，对兴趣如此广泛的六岁孩子来说，任何一本幼儿绘本都会拥有不少小读者。这些绘本中不但有简单的字供孩子猎奇，更有色彩缤纷、引人入胜的绘画，他们焉有不爱之理。其实不仅仅是书，六岁孩子对生活中的任何事情都充满了热情。

3. 音乐以及电视方面

❖ 看电视是生活中的重头戏

六岁的孩子跟五岁的时候一样，都喜欢在钢琴上捣鼓两下，不过他往往还没有准备好认真学琴。

他们也几乎都很喜欢用录音机反复播放自己喜欢的音乐。

不过，孩子最热衷的还是听收音机（如果他有一台属于自己的小收音机的话，当然更喜欢了）、看电视。看电视是六岁孩子生活中的重头戏之一，许多孩子都承认他们看"很多"的电视，不过，各家允许孩子看电视的时间会有很大的不同。

几乎每个六岁孩子都有他自己特别喜欢的节目，尤其是星期六的卡通片，简直是人人都爱看。有些孩子已经开始喜欢看一些简单的家庭生活剧，而新闻等其他成年人的节目却几乎没有哪个六岁孩子感兴趣。

❖ 看电视的决定权在谁手里

不论是男孩还是女孩，这时候都会承认他们的家长不但会干涉他们看什么节目，而且会干涉他们可以看多久。不过，女孩子往往宣称最终的决定权在她自己手里，男孩子估计相对诚实些，会告诉我们说是由他和父母共同决定可以看哪些节目。

下面这些话，是我们跟孩子们谈到看电视的时候，六岁孩子的典型回答。

女孩子往往这么说："我爸爸妈妈规定我可以看多久，但是我可以自己挑选我喜欢的节目。""基本上我只在周末看电视。""我不能看我喜欢的节目，因为我有两个哥哥。""要看什么由我决定，不过，我们还有一个规矩，谁先坐下来打开了电视，我们就只好都跟着他看了。"

男孩子会这么说："什么都是由我爸爸妈妈说了算。""谁说了算？一半一半吧，有时候是我，有时候是我爸爸妈妈。""有时候我其实不想看电视。""什么节目我不喜欢？凡是我爸爸转过去的台，我都不喜欢。""我更喜欢听收音机，因为我可以不必戴上眼镜。""在我们家，爸爸、妈妈、哥哥、姐姐，还有我，谁都可以做决定。"

4. 孩子的创造力

❖ 用创意表达自我

弗雷德尔·梅纳德在他的《引导孩子走入更有创意的生活》一书中指出："创意是一种心态。这种心态来自于每一个人都想要与人交流的愿望，一种想要把自己独特的经历，以适当的形式与他人沟通的愿望。而每一个人的经历都的确与众不同，自古到今，从来没有任何一个人会跟另一个人一模一样。实际上，每个孩子都渴望把他的指纹印到世界这张大纸上，用他的涂鸦向全世界传达出他的信息：我在这里。"

这一段话，道出了六岁孩子的心声。以自我为整个世界中心、有丰富的天马行空的想象力的六岁孩子，太需要创造，太需要与人交流了。

这种渴望与热情，完全可以从我们一年级小学生的绘画中看得出来。这些画作，色彩明亮，笔触活泼，不论是铅笔画还是毛笔画，总是阳光灿烂、蓝天白云；他的树木、花草、房屋，等等，并不在一条地平线上，而是参差错落。六岁的孩子非常喜欢这样的创作，也非常愿意把这些"杰作"带回家去让爸爸妈妈"膜拜"。

❖ 为孩子提供发挥创造力的环境

父母该怎么帮助自己的六岁孩子充分发挥并且发扬他的丰富创意呢？最重要的一条是，请你为孩子提供充足的材料：毛笔画颜料、手指画颜料、蜡笔、铅笔、纸张、橡皮泥；可以折叠的、剪裁的、缝纫的东西；可以敲的、打的、捏的、塑形的东西；还有绳子、磁铁、放大镜、拼图，等等。

绘画是一种充满创意的活动。在攀登架上爬来爬去、滚来滚去，也可以是充满创意的活动。如果孩子愿意，玩玩十分简单的乐器也很好。还有，孩子玩"过家家"、当老师、当医生，等等，也都可以是充满创意的活动。六岁的孩子喜欢给自己穿上各种各样的衣服，假装自己是不同的人。简简单单的积木、家里的空盒子以及其他各种平常物品，在他眼里都可以变成各种不同的东西。

布偶和小纸人也是充分发挥六岁孩子戏剧性创意的好东西。

可是，非常关键的一条是，创意不会凭空生出来，孩子需要丰富的生活体验。多带孩子出去增长见识，对任何年龄的孩子充分发挥他的天资和创意都是至关重要的事情。

作为孩子的父母，请记住，你不可能"培养"出孩子的任何创意；但是，如果你愿意，你可以为孩子提供一个有益于孩子充分发挥并且发扬他创造力的环境。

铅笔画、毛笔画、唱歌、跳舞、玩乐器和写作，等等，都是我们一想到创造力或者创意就会首先想到的一些活动。有些家长从来就认为自己天生没有什么创意，因此在如何帮助孩子发挥并发扬创造力这一方面，往往会感到羞愧和失落。

其实，对于这样的父母来说，最重要的是要明白一点：孩子的创造力跟孩子自己本身一样，各自不同，各有千秋，并不会拘泥于形式。并且，如果你知道，其实你的一言一行之中也会充满丰富的创造力和想象力，你就不会觉得自己很没出息了。

❖《教你开发孩子的创造力》之建议

弥尔顿·A.扬写了一本非常好的书——《教你开发孩子的创造力》，在这本书里，针对六岁孩子的父母能做些什么，他提出了一些很好的建议。我们从中摘选了几项最有意思的内容供你参考：

1.给孩子出一个比较棘手的问题，然后和孩子一起尝试他所提出的各种办法，让他从中学会该怎么鉴别不同的办法所产生的不同效果。

2.鼓励孩子自己编造一套"密码"，然后让他用这个"密码"给你或者他的朋友写几封短信。

（译者注：比方说，26个字母，逐个编号，从1到26，也就是说，1代表a，2代表b……因此，"I Love You"就变成了"9 12 15 22 5 25 15 21"。收到信的妈妈，必须按照孩子提示的"密码规则"，把这一串数字写成一句话。还有另外一种玩法规定，汽车car代表字母C，苹果apple代表字母A，火车train代表字母T(都是取第一个字母)……那么，你猜猜，密码"汽车苹果火车"是什么意思？是CAT，小猫猫！）

3. 假装孩子没有学校可上，然后问孩子，他能想出些什么办法来让自己学到东西。

4. 和孩子一起做些东西，比如说，船模或者航模。

5. 找一些简单的游戏，跟孩子讨论一下游戏规则，然后问孩子，如何修改原规则，可以使游戏变得更加有趣。

6. 假想某种比较糟糕的场景，比方说，在森林里，粮食已经吃光了；或者，一只大熊跑进了你们家里。然后问孩子，这时候该怎么办？

7. 筹划一次家庭露营。然后，让孩子帮你一起想，出去露营应该带些什么东西。

8. 鼓励孩子自编自演一个小话剧，他可以选自己喜欢的故事和角色，比如他可以假装成一个新闻报道记者，向你报道某件大事。

9. 让孩子列出所有他可能会感兴趣的事情出来，比如说，毛毛虫怎么变成蝴蝶的，一颗种子是怎么长成一株植物的，然后和他一起去寻求有关知识。

10. 玩"二十个问题"游戏，即让孩子通过问二十个问题，来推断你心里想的是哪一个字，或者哪一个动物、植物、矿石，等等。

11. 让孩子说出他能想到的所有的某种颜色的东西，比方说红色的东西（红灯、红毛衣、红玫瑰……）；或者名字从某个字母开始的东西，比方说 t（糖、田、塔……），等等。

你瞧，多有意思，而且你还可以接着往下想，写出更多的活动来。生活中的各个方面都能让你找到机会，协助孩子发挥他的想象力和创造力，尤其是你的六岁孩子。

5.活动方面：注重过程，不在乎结果

　　五岁孩子的沉静在孩子长到五岁半的时候，渐渐地波动起来，到了六岁时，就完全被打破了。我们的六岁孩子变得非常活泼好动，而且不知疲倦。他既喜欢在屋里玩，也喜欢在户外玩；有时候，他还又想在外面玩又想在屋里玩，搞得自己两头为难。在外面的时候，他喜欢挖坑、跳跃、攀爬，喜欢骑车飞奔下山坡，也喜欢拉着他的小拖车载着他的宝贝到处走，还喜欢玩沙子、玩泥土、玩水……

　　在家里的时候，帮妈妈干点家务活，也可以是孩子活动筋骨的好机会。他喜欢帮你摆餐桌，替你拿东西。你要是问他，想玩个什么游戏，他可能会说："随便吧，咱们一个一个地接着玩。"

❖ 典型特征：无时无刻不在动

典型的六岁孩子几乎无时无刻不在动，哪怕他坐在那里也一样。（一年级的小孩子特别坐不住，这就是原因之一。老师不断地要求孩子要坐好了别动，这尤其令小男孩们觉得十分难耐。）你看他坐在那里，要么就是不停地扭动身躯，小屁股也要不时地颠动几下，要么就是坐在椅子边上蹭来蹭去，甚至掉到地上。

❖ 动作不够协调，趋于冒进

他似乎会有意识地在各种空间环境中感受身体的平衡。爬树、钻洞，或者在他自己用大型积木等东西搭成的"建筑物"上"翻山越岭"。跳舞的时候，他手脚能舞动得像个"小魔乱舞"，只不过他身体的动作却每每不够协调。

六岁的孩子喜欢大声吆喝着玩文字接龙，喜欢跟爸爸或者兄弟姐妹玩摔跤。不过，这种游戏往往会以悲剧收场，因为他总是停不下来，没完没了！他在家里玩球也常会惹得你浑身发毛，因为他会上蹿下跳地去抢球，而且他的球会东碰西撞满天飞舞……在外面玩的时候，他喜欢在单杠上玩倒挂金钟等特技，喜欢抓住一根绳子荡来荡去。对了，他荡秋千的时候还特别喜欢荡得高高的。

但是他在这样的身体活动中往往太过冒进。他不但会把自己荡得很高很高，而且搭积木的时候也会搭得太高，以至于整个结构都倒塌下来。

❖ 意识到手的"功用"，姿势古怪

六岁孩子的手眼配合，和五岁半的时候相比有了很大的不同。六岁的孩子似乎更能意识到他的手可以作为一项工具来使用，而且他常常通过各种途径来"试用"他的"工具"。于是，人人都说六岁孩子的手指等方面的细部动作看上去十分别扭，可他还偏偏就喜欢用那种怪怪的姿势。装配式玩具及其工具每每令他开心得一塌糊涂，他并不在乎他能用这些工具和配件做成什么，对他来说，随意瞎捣鼓本身就非常好玩了。他不但喜欢把东西拼装起来，还喜欢把东西拆开来。

绘画以及涂色的时候，他的姿势总是相当古怪，身子拧着，抓住蜡笔的手拧着，就连他的脑袋也拧着。他的脚可以不动，上身却远远地斜到桌子的另一角，继续画他的画；他

也会在写字的时候把头枕在胳膊上；做手工的时候，他常常会站着做，甚至是走来走去地做。

而且，这时候他的嘴巴也一刻不肯闲着：舌头一会儿伸出来，一会儿又缩进去；小嘴唇一会儿噘起来嘘口气，一会儿又吹口气；笔杆一会儿在牙齿中间嚼，一会儿又在桌子边上敲。拿铅笔的姿势比他五岁半的时候好了一点点，可看起来仍然相当费劲。

只要是他看到的东西，他都要去触碰一下、把玩一回、研究一番。不过，他更在乎的只是去琢磨琢磨，而不怎么在乎要琢磨出个什么名堂来。

六岁孩子做木匠活的时候，非常需要家长在一旁帮忙。比如，他的锯子弯了、被卡住了；他钉钉子的时候总也砸不到钉子头上，最后有可能把板子都砸坏了；他握钉锤的位置可能是最靠钉锤那一端的木柄……不过，他有时候也真能做成一件东西出来，虽然十分粗糙。

6. 视觉方面

❖ 视觉更具拓展性，开始关注视线中的新东西

　　五岁的孩子通常比较擅长把视线聚集到某一点上；六岁的孩子则通常更具有拓展性，他的兴趣会从某一点扩展到整个世界，并扩展到事物之间的关联上去，甚至还会扩展到视觉过程本身。他知道视线中的东西可以有不同方式的组合，只不过他还不知道该怎么样才能做得到。（这一特征实在是六岁孩子的典型特征，不仅仅在视觉方面如此，在其他诸多方面也如此。他喜欢的不仅仅是做成什么东西，也喜欢整个做的过程，而且在这一过程中他还会不断地改变主意，以至于最后做出来的东西跟他原本打算做的东西很有可能会完全不

一样。)

这个年龄的孩子开始有意识地寻找事物之间的关联，由此我们可以看出一种新的视觉组合的开端。六岁的孩子能关注到视线中出现的新的东西，以及某个新东西出现的位置。

有些孩子甚至从这个时期开始改变了他的主用眼，比方说，他原来主要用右眼，现在却变成了主要用左眼。

❖ 目光转换能力增强，锁定能力减弱

六岁孩子用眼睛跟着某种指引看向目标，有可能比他直接看向目标要更好一些。也就是说，视线的跟踪优先于视线的聚焦。典型的六岁孩子在读书的时候往往需要用手指头指着读，这可能就是其中原因之一。

这时候，他的眼睛从一样东西转向另一样东西，比五岁多的时候容易了很多，而且他的目光会频频在他的手以及手上做着的东西之间来回移动。不过，他目光锁定的能力比起五岁的时候要差一些。因为，他的视线是那么容易被周围其他的东西所吸引，很可能手上一边做着手工，眼睛却一边看向了别的地方。

这个年龄段的孩子，更在乎的不是他最终能做出一个什

么东西出来，而是他现在正在做着的事情。比如说，用积木搭高塔的时候，他会比以前做得更考究、更专注，尽力想把每一块积木都摆得恰到好处，而其结果往往是整个塔身反而还没有他五岁的时候搭得更直。

六岁的孩子已经突破了五岁时的格局，不仅仅是视觉格局，还包括许多其他方面。

7. 牙齿的生长: 乳牙相继掉落, 恒牙接连生长

这一年, 孩子的牙齿们十分忙碌, 乳牙一颗接一颗地掉下来, 恒牙一颗接一颗地长出来。六岁的孩子一口牙每每缺着口, 还露给你一个豁牙笑脸。

刚满六岁的时候, 不论是男孩还是女孩, 下腭中间两颗大门牙的位置上, 大都应该长出了恒牙; 到了六岁半的时候, 上腭中间两颗大门牙的位置上, 大部分孩子也都长出了恒牙。这时候, 六龄齿也开始往外长了, 这是孩子的第一颗大磨牙, 而且也是恒牙。恒牙们看来都在迫不及待地往外冒。

成长中的孩子的心智, 目前已经成了许多家长和教育家们

关注的焦点。实际上，市面上很多关于孩子心智成长的书，也就是所谓的"认知能力"，整体上似乎给了人们这么一个印象，仿佛"心智"只是最近几年才刚刚被发现的"新大陆"似的。

而且，这些书也给了人们另一个印象，那就是一个孩子的心智发育和孩子的身体发育似乎很不相干，心智的活动跟一个人身体的活动似乎也很不相干。

实际上，尽管哲学家们就心智与身体之间的关系辩论了无数年，如今可能大部分人都相信，心智和身体并不是彼此分离的，而是一个完整的人的两个不同侧面。格塞尔博士在50年以前就已经指出："人的心智可以通过他身体各部位的几乎所有的行动本身呈现出来。"

我们认为，前面所有章节里关于孩子的方方面面，其实已经包含了孩子的心智问题。若把前面第五章讲到的孩子的兴趣和能力，与这一章将要讲述的孩子的心智分开来写，似乎显得不够客观和合理。

不过，为了顺应如今大众对儿童心智以及心智活动的特殊兴趣，并借此让大家了解我们的看法，在这里，我们还是单独设立了第六章，讲讲儿童行为的几个特殊方面，也就是和孩子的智力发育关系比较紧密的几个方面。

行动本身体现心智——
六岁孩子的心智能力

格塞尔博士在 50 年以前就已经指出："人的心智可以通过他身体各部位的几乎所有的行动本身呈现出来。"的确,六岁孩子的行为能力在很多方面都比以前有了一个非常大的进步。比如,六岁孩子对时间、空间和死亡概念的理解比过去更为深入和透彻,计算、识字和阅读的水平都有了大幅度的提高,等等。

但是,你要记住,孩子与孩子之间有很大的不同。假如一个孩子的发育速度没有依照常规按部就班,或没有达到正常水平,作为家长,一定要耐心等待,切不可拔苗助长。你需要以平静和理解的态度看待孩子成长中的问题。

1. 对时间的感知

❖ 对时间观念和顺序理解更为透彻

自然，六岁的孩子对时间观念的理解比过去更加透彻和深入，对时间顺序这一概念的了解也伸展得更远。他不再像五岁的时候那样，仅仅"活在此刻与此地"了。

实际上，六岁孩子变得对某些事情在时间上的先后顺序很感兴趣，尤其喜欢听听过去的故事。他会对自己小时候以及妈妈小时候的故事显出相当浓厚的兴趣，特别是妈妈小时候干过的坏事。他可以通过一系列的节假日以及家人的生日等时间序列，把将来的事情也串联起来。他甚至喜欢听祖辈的故事，这时，他对自己、父母和祖父母之间的关系，已经有了一个最基本的理解。

他不但乐于回味并向往各个不同的节假日，而且对季节的变化也有了清晰的概念，知道了每个季节会带来哪些不同的现象。

❖ 对时间长短缺乏概念

但是，大部分的六岁孩子仍然还不会认钟表，也对诸如10分钟大约是多长时间没什么感觉。因此，假如你告诉孩子他还可以再玩 20 分钟就该如何如何，这对他来说其实没有多少意义。换句话说，你需要在 20 分钟结束的时候，给孩子一个提醒，比如说，让他听到铃声，或者你告诉他"时间到了"，或者你让他看挂钟上的大针已经指到了某个地方。

他这时可以说得出来家人几点钟吃晚饭，他几点钟去上学，几点钟上床睡觉以及他最喜欢的节目几点钟播放，他还可以说得出来他现在在上几年级。

2. 对空间的感知

❖ 空间世界向外极大扩展

六岁孩子的空间世界比起五岁时也扩展了很多。现在他的整个世界里已经包括了家里的亲戚、他的邻居以及他生活的小社区。他已经不再像五岁时那样，仅仅是"活在此刻与此地"的"小宅娃"了。

尽管在情绪与情感方面，六岁孩子以自我为他的整个世界的中心，但是，在智力与兴趣方面，他的世界已经向外扩展了很多，包括太阳、星星、月亮以及整个地球。因此六岁的孩子对生活在其他国家的小孩子也有了兴趣，愿意听也愿意了解他们的生活是什么样子的。

如果是生于宗教背景家庭的孩子，他这时有可能对那"很高很高"的天上的"天堂"十分感兴趣，而且很可能还想要知道他怎么才能进到那里去。

假如孩子的空间方位感很好，那么他这时甚至有可能可以从熟悉的起点开始，在指南针的引导下找到东南西北的街区，而且还有可能说得出最近的几条街的名字。

在学校里，六岁的孩子不再像以前那样只对自己的教室感兴趣，现在的他对同一栋建筑里的其他教室也很感兴趣。他现在画的线路图里不但包括他所在的屋子，而且也包括周围的其他房间。

他已经能够分得清自己的左手和右手，不过一般来说，六岁的孩子还分不清别人的左手和右手。

❖ 理解孩子之间的个体差异

话又说回来，不论是对时间还是对空间概念的认知，请你要记得，孩子与孩子之间有很大的不同。比如说，有些孩子（应该是以右脑为主的孩子），很可能一方面对空间和方位的感觉非常清晰，另一方面却对时间的感觉十分模糊；而另一些孩子（应该是以左脑为主的孩子），则很可能在时间概念上感觉相当清晰，可是对空间以及方位的感觉却稀里糊涂。

　　而且，这种不同的差异，随着孩子的成长，不见得会有多大变化。有些成年人对空间和方位总是有很清晰的感觉，哪怕到一个完全陌生的地方去也没关系；可也有不少成年人很容易迷路，哪怕是在自己生活的小镇上也不例外。

3. 阅读方面

❖ 大多能够独立阅读，且能发现自己的误读

六岁的孩子大多能自己阅读了，到了六岁半时就更是如此。当然，每个孩子的阅读水平都参差不齐。孩子这时已经开始构筑他的词汇量，甚至已经有能力从课本中辨认出一些字来。他已经能通过一个词的拼音的长度以及开头第一个字母的发音，猜出那是个什么字来。

读书的时候，许多六岁孩子需要拿着一个东西，或者用自己的手指，在书上指着读，以免串到另一行去。遇到这种情况，请允许孩子这么指着读书。

他往往已经真的能够读得出他熟悉的字来了，而不再像

五岁多的时候那样实际上是背诵出来的。

六岁孩子现在喜欢用字母玩拼字游戏。五岁多的时候，他对大写字母更感兴趣一些，现在对小写字母也一样喜欢了。有些孩子喜欢从打字机上拿出字模来认，甚至还会照着字典，用打字机打出几个简单的字来。

他的阅读能力已经提高到能够发觉自己某些误读的阶段了。在孩子自己读书的时候，会出现不少常规错误，比如，自己凭空添上一个字，以读着顺口；把意思弄反了（"来"变成"去"，"你"变成"我"）；把某个字认成了字形相像的字，等等。孩子读到卡住了的时候，他会愿意你帮他一下。不过，请你先不要去指出孩子的错误，而要耐心地等孩子自己去发觉。也就是说，当他的理解偏离了书上的话题，令他自己终于感觉出不对劲的时候，你才替孩子说出正确的读法。

❖ 切忌拔苗助长

假如一个孩子的发育速度按部就班，而且在这以前也没有人在孩子的能力还不够的时候就强行教他认字，那么他现在的阅读水平就应该在正常范围之内了。但是，假如孩子还达不到正常水平，请你一定要耐心等待！拔苗助长的行为有可能导致孩子进入误区。在孩子还没有足够能力之前就教孩子太多的东西，反而有可能让孩子觉得自己蠢笨。的确会有一些男孩子，小的时候说话偏晚，到了现在，阅读能力的发育也比一般孩子偏晚，这其实很正常。

4.写字方面：兴趣浓厚，水平全面提升

    典型的六岁孩子非常喜欢书写，或者至少想要努力地学会书写。他每每都写得尽心尽力，小手以别扭的姿势抓握着铅笔的笔尖附近，一笔一画地写，写字母也写数字，十分努力。他往往还一边使劲，一边不由自主地伸出他的小舌头。

    到了六岁的时候，大部分的孩子都已经可以写得出所有26个字母；几乎所有的孩子都能拼写得出自己的名字；差不多有一半的孩子还可以拼写得出自己的姓氏。到了六岁半的时候，大部分的孩子都已经知道写字的时候什么地方该用大写字母，什么地方该用小写字母。不过，仍然有不到四分之一的孩子，既写不出自己的名字，也写不出自己的姓氏。

在没有横格线的纸上写字时，孩子的字往往很难走直线，要么往上偏，要么往下偏，要么上上下下地波浪起伏。他们写出来的小写字母常常会跟大写字母差不多大小。也就是说，最好允许六岁的孩子在书写的时候全部用大写字母，等到了六岁半，孩子对大小写之分更加明了之后，再让孩子大小写字母一起使用。

几乎所有的六岁孩子都能从 1 写到 11；差不多有一半的六岁孩子能从 1 写到 20。孩子们最容易写颠倒的数字是 7、3、9，写出来的数字往往个头偏大、七倒八歪，而且大小不均。

5.计算方面：水平大幅度提高

　　孩子的计算水平，和六个月之前相比，又有了大幅度的提高。现在，孩子们可以以一进制数到30（译者注：他们以后还需学习以二进制、三进制、五进制、十进制方式数数），不过，假如你问一个孩子他能数到多少，大部分孩子会过高地估计自己的能力，比如他会告诉你他能数到"一百万""一万万"。

　　一部分六岁孩子已经能够以十进制数到100，以五进制数到50。等孩子快到七岁时，更多的孩子能做到如此。

　　如果让孩子数真实的物件，比如说数一分币，大多数孩子能数到20，而且能给出一个正确的总和数来。许多孩子已经能正确地说出10以内的加法和5以内的减法。口算加减的时候，孩子喜欢重复的数，比方说 2 加 2，3 加 3。他们这时也可以使用简单的计量单位了，比如一两、一斤。

对于字母和数字，他们有时候仍然会有混淆。他们还往往会一边写一边说话。

如果你问孩子一个比较难的问题，他多半会说："太容易了。""这多简单啊。"当然有些时候他也会非常实诚，比方说你问他能数到几，他有可能这么告诉你："20。如果我使劲儿数，我能数到 20。"六岁孩子还很会自我鼓励："我已经进步很大了。"

写作业时的另一个倾向是一边写一边自言自语，他时常会嘟嘟囔囔："我太累了，我也太热了。"

6. 语言与思维能力

五岁的孩子已经是个"小话痨"了，六岁的孩子就更是如此。这个年龄的孩子实在是太爱说话了。他喜欢跟人聊天，喜欢跟人分享他的想法。

现在的他，不但热衷于往他自己的知识库里增添新内容，更热衷于练习他新学到的数数与拼读的本领。他也为自己已经达到的最初级的阅读水平而满心自豪。

❖ 开始具备一定的逻辑思维能力

按照皮亚杰的说法，孩子这时候的思维已经处于"试运行"阶段的尾声，这时候，他不但仍然认为自己是整个世界的中心，而且仍然认为任何会动的东西都是有生命的东西。

他也正在走向皮亚杰所说的第三阶段，也就是"具体运行"阶段。在这一新的阶段里，孩子会意识到别人也会有想法，能明白容器形状的改变并不会造成量的改变等。如果你把 10 个石子摆成一排，再把另外 8 个石子稍微拉开一点，也摆成相同长度的一排，他依然能分辨得出 10 个石子的那一排石子数量更多。

不过，大多数的六岁孩子只不过刚刚走到这一阶段的边缘，所以你必须要明白，孩子的思维在很多时候还不可能很有逻辑。也就是说，他还没有到能够讲理性的年龄。

❖ 语言的规范性提高

孩子说话时的语音和语法现在都已经相当正确。大多数六岁孩子能发觉自己说话时的错漏，并且有可能愿意接受别人的纠正。

❖ 区分幻想与真实的能力与日俱增

孩子区分幻想与真实的能力正在与日俱增。但是孩子对"魔法"的兴趣仍然浓厚，比方说，他会假装他有一对"魔耳"。而且，这时他也会真的相信，他每掉一颗牙齿，"牙仙子"就会在他的枕头底下塞一些钱币。

六岁孩子也很坚定地相信圣诞老人是真的，假如有年龄大一些的玩伴告诉他圣诞老人不是真的，他一定会坚决否认。因为，圣诞老人对他来说仍然有十分现实的意义。

有一个六岁小男孩问他的妈妈："妈妈，其实并没有什么真的圣诞老人，对吧？"

妈妈回答："嗯，其实是没有啦。"

孩子很笃定地接着说："我就说嘛。他只是一个普通的人而已，故意穿了那样的衣服，满世界去爬人家的烟囱，给每个人都送份礼物。"

六岁的孩子对神也深信不疑。如果是生于宗教家庭的孩子，到这个年龄已经相当地笃信宗教了。他这时喜欢星期天到教堂去参加儿童读经班，愿意听别人讲耶稣的故事，甚至也相当喜欢参加不算冗长的宗教仪式。

许多孩子这时候不但相信是神创造了整个世界，而且还认为他生活中的任何事情都是神一手操纵的。他们大都仍然十分相信祷告，而且心里仍然期待着能够得到神的应答。

❖ 对死亡的理解更加成熟，偏于情绪化

孩子对死亡的理解比过去更为成熟，却更加情绪化。他甚至真的非常担心妈妈会死掉、会离开他。如果这时候不幸有祖父母或者跟他很亲近的亲人去世，那么这种担忧就会更加强烈。六岁的孩子已经开始明白死亡会有不同的缘由：杀死、病死、老死等。

他会对坟墓或墓地以及葬礼相当关注，会问你很多这方面的问题。四五岁时他一直以为人是可以死而复生的，尤其五岁半的时候，孩子最为笃信这一点。但是，到了现在，他已经明白这是不可能的了。

不过，在这个年龄段，尽管一方面孩子心里有那么多的问题，对死亡这一概念相当感兴趣。可是另一方面，他却倾向于相信他自己是永远不会死的。"死亡"这个概念，还没有跟他自身相挂钩。

7. 孩子的道德观念：好坏概念以父母的导向为标准

一个典型的五岁孩子，他不但愿意做好孩子，也打算好好做，而且往往真能做得非常好。可是，绝大多数的五岁孩子对于好与坏的观念了解得十分有限。即使孩子这时候到了六岁，好与坏的概念对他来说仍然处于很初级的阶段，但凡父母要求他或允许他做的事情，就是"好"事情；但凡父母不认可或者禁止他去做的事情，就是"坏"事情。因此，对"好"与"坏"的认识仍然没有达到"抽象概念"的阶段。

下面，我们来看一个聪明开朗的六岁小男孩回答我们询问的记录："该做的事情"（当然是"好"事情），以及"不该做的事情"（也就是"坏"事情）。

该做的事情

1. 对别人说"我觉得你今天吃的都是健康的东西。"

2. 应该做让别人开心的事情：

（a）规规矩矩地吃饭。

（b）记得说"请"和"谢谢"。

（c）千万不能忘了说"早上好""下午好""晚上好"。

3. 晚饭的时候，没等提醒就自己过来吃饭了。

4. 别人跟你说话的时候，你要安静地听，而且要回答别人的问题。

5. 别弄脏了衣服。

6. 别让手表停了，记得要上发条！

7. 晚上 7 点半上床。

8. 早上 7 点半起床。

9. 别人弄坏东西的时候，去告诉他们别再弄了。

不该做的事情

1. 说"我不跟你说"。

2. 说"给我"。

3. 说"最大的那块给我"。

4. 吃东西时，碎渣掉地板上。

（a）弄洒牛奶或者水。

（b）把食物糊到手上或者脸上。

5. 在任何地方玩火。

6. 别人很友善地为你做什么事情的时候，你转身走开。

7. 摔门。

8. 撕破书。

9. 下雨的时候，忘记关窗户。

10. 撕破衣服。

11. 打碎窗户。

12. 别人正忙的时候，你去叫人家。

13. 把扶手椅弄坏。

14. 掐人。

作为六岁孩子的父母，你肯定会（希望你会），不但反复宣讲，而且以身作则地宣扬良好的道德标准；但是，一旦孩子时不时地犯些错误，比如说拿了不属于他的东西，没有说实话，干了错事之后矢口否认等之类的事情，这时候，请你记得千万不要太过生气。良好的道德行为往往需要等孩子长得再大一些之后，才更有可能表现出来。

8. 性方面：过于感兴趣

五岁孩子的明显特征之一，是对性的关注相当淡漠；但是，到了六岁的时候，这种情况往往会走向反面。实事求是地说，六岁孩子对性以及性的衍生物实在是太过于感兴趣了。

❖ 大多喜欢玩"性游戏"

性游戏在六岁的孩子当中相当普遍，而且这一行为昭示了（诚然是不成熟的）性对这个年龄的孩子的吸引力。据我们多年的观察，六岁孩子受到陌生人以及其他人的性骚扰或性挑逗的现象，比任何其他对性感兴趣的年龄段都要更多。

无论怎样，这个年龄段的孩子大多喜欢玩性游戏。诸如把裤子拉下来或者脱下来这样的事情，六岁孩子不但很感兴趣，而且会被自己或者别人的这种暴露刺激得相当兴奋。这种游戏很容易变成有板有眼的医生游戏，比如用一支蜡笔或者铅笔头塞到肛门里假装测体温。做父母的如果能从孩子四岁开始起就用口腔体温计代替肛门体温计，那么到了六岁时，这样的游戏自然会减少很多。（译者注：对"性"感兴趣，是孩子性意识的萌芽。到了四岁的时候，孩子进入第一次"性趣高峰"，他喜欢玩自己的肚脐眼，喜欢看人家蹲马桶，甚至喜欢两个小密友在一起脱了裤子和衣服，研究对方的小身体，也就是玩"性游戏"。可能是男孩和男孩一起玩，也可能是男孩和女孩一起玩。到了六岁时，孩子进入第二次"性趣高峰"，对"性游戏"的热情更炽。父母应该怎么对待，这套书里有详细解说，请认真阅读。）

❖ 以平静和理解的态度看待孩子的性问题

孩子生理生长的小蓓蕾这时候显然已经开始绽放了，他们明显很强烈地感觉到了什么东西。假如孩子的行为或者孩子提出的问题让你明白他显然想到了性，请你记住，这时，他们需要的是你的帮助，是你的平静，是你不带焦虑色彩的理解。这个年龄段的孩子，毫无疑问，处于对性过于感兴趣的一个阶段。我们希望将来也许有那么一天，专家们能够告诉我们这时候的孩子到底是怎么回事，或者至少能够告诉我们，在这个年龄段里，孩子血液里的荷尔蒙指数是在什么程度上。

❖ 孩子对小宝宝来源的认知

下面来说说六岁孩子对小宝宝的看法。大多数孩子这时候都明白，小宝宝是在妈妈肚子里长大的，不过对宝宝到时候怎么出来，从哪里出来等问题，却不是很清楚。也有些孩子会问到宝宝出来时疼不疼这样的问题。

一部分孩子这时已经开始奇怪怎么就会有了宝宝的，他可能已不满足于知道宝宝是从妈妈肚子里长出来的了。既然已经明白妈妈肚子里并非总是有个宝宝，所以他猜想一定是有一个开始的。可是，怎么开始的呢？如果孩子这么问你，你可以告诉他，宝宝是从一颗种子开始长大的，这一答案一定会令大多数的六岁孩子感到满意。

有少数几个特别"见多识广"的孩子，会认为这颗种子是妈妈自己吞到肚子里去的。也有极少数的六岁孩子能知道种子是爸爸给的，而其中可能会有几个孩子认为是爸爸用手种进去的。对大多数的六岁孩子来说，哪怕是最浅显的有关交配的概念他都还不了解；即使是有朋友跟他说过这件事，一般来说，六岁的孩子既不见得会去细想这件事，也不见得会相信有这回事。

其实大多数的孩子这时候都还相当天真。我们认识的一对母女曾经有这么一段对话。小姑娘问她妈妈说："我想要快点长大，做个妈妈，可是，你知道我该怎么找到一个丈夫吗？"

妈妈答道："噢，这一点儿也不难。你会长大，然后进高中，还有可能进大学。然后，你就可以去参加舞会什么的。那时你有可能会遇到一个很不错的男孩子，他也许会请你去他家玩，然后你们就开始了。"

"然后我就说：'你可以娶我吗？'"

"不是你来说，是他来说。但是他不会立即就问你这个问题的。"

"那是，当然不会立即就问了，我们还必须彼此告诉对方自己的名字，那要来来回回地说上好几句话呢。"

六岁的小女孩用洋娃娃或者小纸人玩"过家家"的时候，对结婚、新娘、新郎、家庭和宝宝之类的，会特别有兴趣。但是，六岁的孩子对这些事情的看法无疑是十分稚嫩的，一个明显的例证就是，尽管几乎所有的孩子现在都知道了宝宝是在妈妈肚子里长大的，可是，他们大多数仍然没法把这两件事情联系起来。也就是说，假如他看到一个肚子显然大了很多的孕妇，并不会联想到她肚子里面已经有了一个宝宝。

少数的六岁孩子会想办法尝试怎么让自己有个小宝宝。比如说，他可能会把一个洋娃娃藏到衣服里面，然后怎么捣鼓一通让洋娃娃露了出来，就"生"了出来。

还有些六岁的孩子会把自己假扮成相反的性别，比如说，男孩子会把自己的小鸡鸡藏起来，假装自己是女孩；女孩子会把自己的头发掖进帽子里，穿上她认为是男孩子应该穿的衣服，把自己打扮成男孩的模样，而且还要给自己取一个男孩的名字，让大家都用新名字叫她。不过，这样的做法，不论是男孩还是女孩，都只是一时的兴趣而已，不会长久。

9. 孩子的幽默感

❖ 傻笑和厕所幽默突出，喜欢当众出洋相

六岁孩子的幽默感往往不再走微妙的路子。实际上，他这时的幽默感最大的组成部分就是傻笑，有时候往往能搞得成年人觉得很乏味。很有趣的是，典型六岁孩子的幽默套路似乎又回到了曾经令四岁孩子难以抗拒的"厕所幽默"（译者注：以带有"臭""屎""尿"等脏话为好笑滑稽），尽管在五岁的时候，这种"幽默风格"曾经一度沉寂。

于是，六岁孩子会不断地、有时候是难以抑制地，因为谁说了句什么跟上厕所有关的词，比如"嘘嘘""尿尿"，就会咯咯地傻笑个不停；"裤裤"这样的词也能让他傻笑个不停；

上厕所解大便小便这种事情，更能让他呵呵地乐上好一阵子。还有，他的肚脐眼，这时候也再一次成为他眼中最具搞笑色彩的部位。

你的六岁孩子有可能觉得假装朝妈妈腿上"撒尿尿"好玩极了；而你的六岁女儿则可能跟她小时候一样，要假装站着撒尿尿，只不过以前她是真的要试试看站着撒尿是怎么回事，而现在她只是假装玩玩而已。

另一个让六岁孩子觉得很有趣的事情，就是出洋相，观众越多越好玩。他总是要想尽一切办法来出尽各种洋相，以吸引别人的注意力。这种行为不但可能令一旁的成年人觉得特别无聊，而且还可能令他的父母觉得丢脸。

❖ 展现出一种温馨而美好的幽默感

可是，在这个年龄段里，你也可以看到他的另一种温馨而美好的幽默感，一种你几个月以前没怎么遇到过的幽默感。那就是，假如你和孩子此时对彼此都没有任何负面的感觉，假如此时你给了孩子以充分的关注，而且，假如在这十分友善的时刻你跟他说了一句笑话，那么，他一旦听明白了你的笑话，会笑得非常开心！他不但有可能会一遍又一遍地重复你的笑话，而且还有可能要把你这有趣的小幽默一遍又一遍地告诉给每一个人。

其实，六岁孩子如果能得到成年人充分的关注，自然会展露出他最美好的一面。实际上，孩子在任何年龄段，都是如此。一个孩子只有当觉得没人关注、没人搭理他的时候，才会耍尽各种花招，出洋相、抢眼球，其目的无非是为了博取他人的关注而已。

Chapter

7

尊重孩子的行为年龄——

六岁孩子的学校生活

从六岁开始，我们的小小孩儿就可以踏进学校的大门了。但是，家长们切忌把所有的六岁孩子都统统送进小学一年级。家长不仅要保证孩子在升学之前已经满了六周岁，而且要保证孩子的成熟程度的确能够应付小学一年级的更高要求了。孩子的生理年龄，不是决定孩子是否应该上学或者升学的标准；孩子的行为成熟度，也就是行为年龄，才可以决定孩子是否应该升入小学一年级。如果父母难以判断的话，可以替孩子做一次周详的行为能力检测。

1. 以孩子的行为年龄作为 是否该上一年级的标准

现在，你的女儿或者儿子已经六岁了。很多家长都认为，只要孩子到了六岁，就应该有能力上一年级了。可是，从学前班到小学一年级，这个跨越不只是一阶，而是一阶半！（译者注：美国孩子从五岁开始上学前班，六岁开始上一年级；中国孩子虽然大多数从开始上一年级，但是中国孩子学习的汉字和算术比美国孩子的一年级要难很多。请中国父母在送孩子上一年级的时候，也参照此章，以孩子的行为成熟度为标准，不要过早送孩子上学。）

在学前班，尽管学校里的要求比起幼儿园提高了很多倍（尤其是五岁的幼童就不得不开始学习阅读了），但是，跟小学一年级比起来，仍然是相差了好几里地远。任何一个善良的、有经验的、懂得孩子的学前班老师，都会（希望他们都会）顶住课程安排与教学大纲的苛刻规定，尽量放宽对五岁小学生的要求。

可是，一旦进了小学一年级，情况就不太一样了。学校里对一年级小学生的要求是绝对的，而且往往是不现实的，不论老师自己本身的直觉告诉她应该如何放宽规定，都没有用。

很久以前，曾经有一个明智的小学校长要求老师："把铅笔都尽量久地收起来，教科书也都尽可能晚地拿出来。"不幸的是，如今并不是所有的小学校长都会赞成这样的做法。一年级的老师们现在往往要求小学生，或者被迫要求小学生，去达到既不怎么够合理、也不够现实的水平。

不论现状如何，我们仍然建议，所有将要升入小学一年级的孩子的父母，不仅仅要保证孩子在升学之前已经满了六周岁，而且要保证孩子的成熟程度的确能够应付小学一年级的更高要求了。这和我们之前在孩子是否该进入学前班的问题上对家长的再三建议一样。

也就是说，不论孩子要升入哪个年级，如果仅仅是年龄已经达到要求，甚至哪怕智商很高，也并不能保证孩子在学校里能够胜任学习。我们要给你的最基本的建议就是，不要因为孩子在年龄上能满足法律要求了，就觉得从理论上来说，孩子应该有能力胜任学习了。孩子的生日，也就是生理年龄，不是决定孩子是否应该上学或者升学的标准；重要的应该是孩子的行为成熟度，也就是行为年龄，才可以决定孩子是否应该送进学前班，或是否应该升入小学一年级。

因此，我们强烈呼吁，请不要把所有的五岁孩子都统统送进学前班，也不要把所有的六岁孩子都统统送进小学一年级。

2. 行为能力检测

我们希望所有的孩子在跨越这个巨大的台阶之前，也就是从学前班升入小学一年级以前，只要有可能，父母都替孩子做一次周详的行为能力检测。这种行为能力检测的结果，能让你知道，作为一个行为有机整体，孩子的行为成熟度，也就是孩子的行为年龄，是什么水平。

一旦孩子经过了这样的检测，你就能清楚地明白，孩子是否已经有能力升入一年级；或者你发现孩子的成熟度其实更适合一年级预前班（或者阅读辅导班）；甚至你有可能认识到，他更应该复读一遍学前班。

❖ 约翰·J.奥斯汀的 12 个行为能力检测问题

然而，并不是每一所学校都能够指定一名有足够资格的人来主持这项检测，也不是每所学校都配有小学生心理辅导员，也不是任何一家诊所的心理医生都精于这一项。因此，我们在这里为大家提供 12 个典型问题以供参考。这 12 个典型问题是约翰·J.奥斯汀从他的很有帮助意义的小册子——《小学一年级入学能力检测清单》中替我们挑选出来的，里面一共刊载了 54 个问题。根据奥斯汀的说法，如果你的答案中有 50 个"是"，你的孩子就肯定有能力上一年级了。如果你的答案中有 47 ~ 49 个"是"，孩子也许可以去上一年级了。如果低于这个数字，那么孩子是否可以上一年级，就很值得怀疑，而且很可能是还不具备这个能力。

下面列出的这 12 个问题，能够给你一个大致的概念，看看你觉得能替自己的孩子回答多少个"是"吧。

1. 你的孩子进入一年级开始学习阅读的时候，满六岁半或者更多了吗？

2. 你的孩子这时已经长出 2 ~ 5 颗恒牙了吗？

3. 如果一个学校过街保护人或者一名警察，问你的孩子家住哪里，他能说得明白吗？

4. 孩子在涂色的时候，他可以沿着规定的边线往里面涂色，而不超出边线吗？

5. 他可以闭上眼睛，然后单脚站立 5 ~ 10 秒钟吗？

6. 他可以自己骑没有辅助轮的双轮自行车吗？

7. 他能分得清左和右吗？

8. 他可以在家附近的街区里，自己穿行 4 ~ 8 个路口，去小店、学校或去朋友家吗？

9. 他可以离开你一整天而不会因此难过吗？

10. 如果你说一句有 10 个字左右的话，让孩子重复，他可以做得到吗？比如"那个男孩从小店一路跑回家"。

11. 他可以数清楚 8 ~ 10 枚硬币吗？

12. 你孩子有没有做过自己试图描摹数字或者字母的努力？

❖ 格塞尔人类发展研究所的一年级能力检测清单

如果你觉得这一份检测清单对你真的有用，那么下面请接着看看一份我们格塞尔研究所自己的一年级能力检测清单。

这两份清单中肯定会有些内容重复，因为毕竟说的都是同一件事情。如果你的答案中有几个否，并不代表着你的孩子就一定不够能力上小学一年级。不过，如果你的答案中有相当多的"否"，那么，你一定要好好问问自己，孩子是否真的可以送去上一年级。

1. 你孩子的学前班老师推荐他升入小学一年级吗？

2. 9 月份开学的时候，孩子是否已经满六周岁，甚至最好超出了六周岁？

3. 你觉得，你的孩子看起来跟其他同龄人的成熟度差不多吗？

4. 孩子这时候是否已经走出了典型五岁孩子的"乖顺"阶段，显露出了一些六岁孩子的抗拒和叛逆来呢？

5. 假如你要孩子沿着逆时针方向，从最顶上开始画一个圆圈，他能做得到吗？

6. 他可以描摹出一个三角形来吗？

7. 他可以描摹出一个长方形，并且用一条线穿过中心点把长方形一分为二吗？

8. 他拿铅笔的姿势，是正确的两指或者三指抓握法吗？

9. 他能至少写得出自己的名字来吗？

10. 读书的时候，他能从课文中挑出他名字中的大写字母以及小写字母来吗？

11. 他能数到 30 吗？

12. 他能写到 20 吗？

13. 他能分得清自己的左手和右手吗？

14. 他知道自己几岁了吗？知道自己的生日是在哪一个月份吗？

15. 他可以单脚站立着等你从 1 数到 8 吗？

16. 他扔球的时候，可以从脑后向前扔出去吗？

17. 他会系鞋带了吗？

18. 如果你说一组 4 位数字，他能一次就复述出来吗？

19. 他会 20 以内的加减法吗？

❖ 孩子不够成熟上一年级的征兆

下面还有一些内容可以帮助你思考。假如你的孩子已经开始上小学一年级了，可是，你有些怀疑他是否够能力上一年级，这时，该怎么确认呢？假如一个孩子真的不够成熟到上一年级，那么他应该表现出一些征兆，也就是我们下面要告诉你的这些。

请记住，一个孩子如果觉得上学力不从心，那么他不但会在学校里表现出来，在家里也会表现出来。实际上，如果一个孩子很不愿意上学，说他"恨"上学，而且就是不肯去上学，这就是问题的主要标志。

稍微有一点"我今天不想去上学"的表现，不算是什么大事，任何年龄的孩子都会这样；但是，如果孩子日复一日地不愿意去上学，如果每天早上你把孩子收拾好然后送上校车都需要一番挣扎，那么显然这有些不对劲。

极端的情况下，孩子还有可能肚子疼，甚至根本吃不下早餐。这时，孩子并不是要跟你作对，他只是在告诉你，上学对他来说实在是不堪负荷了。

在学校里，一个不该升到一年级的孩子会显得注意力不够集中，而且安静不下来。孩子很难在小椅子里坐得住，而且总是表示老师交代给他做的"任务"太难了。这样的孩子，不见得就是不聪明的孩子，因此老师总是埋怨说："只要他肯做，他其实能做得更好。"

另外，不论是在学校里还是在放学回家的路上，他大小便意外失禁，都是一个明显的征兆，表明学校的要求对孩子来说太高了。

　　如果一个孩子在该上一年级的时候，已经准备充分，那么很有可能在以后的学校生涯中他都能一路顺利，至少也是比较顺利。孩子是否已经够能力升学，一年级这个坎儿实在是太重要了，你一定要认真对待，确保孩子真的已经准备就绪。

3. 提倡一年级半天制

有一种做法，对任何一年级的孩子，不论是够能力的还是不够能力的，都会有裨益，那就是缩短一年级学生每天的课时。我们已经为此努力宣传了多年，而且在不少的学校试验成功。

虽然，迄今为止我们还没有一份能够令对此持怀疑态度的人信服的调查报告，不过，如今我们终于可以拿出有力的数据来了。康涅狄格州木桥镇的小学校长约翰·C.穆尔雷恩，在当地学区总监亚历山大·M.拉福内的支持下，施行了小学一年级半天制的做法。最近，穆尔雷恩校长做了一项调查，分析了从三年级到六年级的学生所应有的常规水平，对比了同一所学校里当初在一年级为半天制以及全天制的学生的不同，以求核实一年级半天制的教学效果。

统计数据表明，从学业的角度上来看，半天制和全天制这两组学生没有明显的差别。在接受调查的教师当中（曾经在半天制一年级有过两年以上授课经验的教师），93% 认为半天制能使小学生的疲累程度减轻；92% 觉得半天制能使小学生的沮丧程度降低；79% 认为半天制能使小学生的注意力得到改善；85% 察觉到半天制对小学生的学习热情有正面的影响。

而针对这些半天制学生家长的调查结果是，87% 觉得半天制已经满足了孩子在课业上的要求；88% 认为半天制对孩子的基础学业要求没有任何负面影响；82% 觉得半天制已经满足了孩子在社交生活方面的需求。另外，还有 84% 接受问卷的家长，建议学校继续推行一年级半天制的做法。

总而言之，这一种做法很值得家长和学校好好考虑。

8
Chapter

充满"险情"，
丰富的小奖品至关重要——
六岁孩子的生日派对

由于六岁孩子争强好胜的天性，以及情绪变化比较剧烈而且难以克制的特点，所以，在生日派对上随时可能出现"险情"，往往让负责主持派对的成年人累得筋疲力尽。正因为如此，合理的组织协调以及成年人的控制一定要安排到位。预先的精心筹划必不可少，设置多项小奖品更是令每个孩子都高兴所必需的保证。

不过，尽管主持六岁孩子的生日派对是一件很费神的事，大多数家长还是情愿"甘冒风险"，为的就是孩子能从中得到一份快乐。

六岁孩子的招牌特性之一，就是他想要当第一，要被大家众星拱月，要得到在场任何一个成年人的关注。轮到别人玩的时候，让他等待是最难耐的事情。这些特点，使得一个六岁孩子实在不是一个理想的派对小客人。

由于六岁的孩子往往会在自己妈妈面前表现出最糟糕的一面，因此，任何有六岁孩子参加的聚会若想要顺利进行，小客人的妈妈最好都不要在场。

六岁的孩子不但想要做赢家，而且他需要做赢家，因此设置多项小奖品是令每个孩子都高兴所必需的保证。不断给孩子们小东西，尤其是告别的时候要给孩子们小礼品，这非常关键，因为六岁孩子的特点之一就是他更愿意做"拿家"而不是做"给家"。虽然让六岁小朋友给小寿星送礼物并不是一桩困难的事情，可是毕竟他心里也企盼着得到一份回礼。如果能让他在一场派对聚会上满载而归，那么不但他在聚会上会更容易应付一些，而且事后也会更心满意足一些。

六岁孩子的天性就是争强好胜，因此吵架、闹别扭自然少不了。当小伙伴之间出现不同意见的时候，孩子很容易直接以身体对抗的方式大打出手。因此，若想要生日派对能够保持相对和谐的气氛，一定要有成年人在一旁随时"镇场子"。

六岁孩子的情绪变化比较剧烈，而且很难克制。这样的生日派对不但很容易进入一片嘻嘻哈哈之中，也很容易陷入一片震天哭声之中。因此，负责"镇场子"的成年人必须一分钟都不能松懈，随时准备出手以"力挽狂澜"。

但是，六岁的孩子还偏偏很喜欢开派对。他不但早早就满心期待，而且在派对的过程中往往欢天喜地，过后回味起来更是满心快乐。所以，尽管在六岁孩子的生日派对上随处可能出现"险情"，往往让负责主持派对的成年人累得筋疲力尽，但是大多数家长都还是"甘冒风险"，为的就是孩子能从中得到一份快乐。

1. 成功的关键：预先精心筹划和临场灵活机动

　　和五岁孩子的生日派对一样，六岁孩子生日派对成功的关键也是在于预先精心筹划。然而，做计划的时候请首先要意识到，六岁孩子的生日派对不可能像五岁孩子的生日派对那样可以稳稳当当地按部就班。一方面在生日派对开始和结束时，一定要按照计划好的步骤进行，另一方面也要明白，派对中间的活动还需要灵活机动的安排。

❖ 小客人的数量

　　五个小伙伴（包括小寿星）应该最理想。被邀请的小客人是男孩或是女孩都无所谓。

❖ 成年人的数量

派对上的成年人，应该包括小寿星的爸爸、妈妈以及另一个成年帮手；或者是小寿星的妈妈加另外两个成年帮手。小客人的家长统统不必留下来，把孩子送到门外之后就可以离去。绝大多数六岁孩子在妈妈不在场的情况下，行为举止能够得体很多。

❖ 时间安排

派对的时间，根据是周末的派对还是平常上学日的派对，可以灵活掌握。如果是周末的派对，弄个下午1：00到3：00的午餐派对最好；如果是平常上学日的派对，则可以安排在下午3：30到5：30之间。两个小时的派对时间相当长了。

下午1：00～1：20：手工打前站

开场活动必须是一项不太需要随机应变的活动，同时也必须是每个孩子能够各自为政的活动，因为小客人们不可能都同时到达。先到的孩子可以坐在一张小桌子前面，做些涂色、剪纸的手工，也可以用绒毛铁丝做小东西、玩橡皮泥之类的活动。另外，你也可以利用这段时间让小寿星拆礼物，让小客人们捧场。但是，这一项需要灵活掌握。有些小寿星可能更愿意等礼物收齐以后一起拆开，甚至可能不愿意在这时候拆礼物。

下午1：20～1：30：流行游戏热气氛

孩子一起玩游戏，最好是他们在学校里喜欢玩的游戏。你可以事先问问你的小寿星，看看学校里目前都流行哪些游戏。

下午1：30～2：00：品茶点增乐趣

吃午餐茶点的时间。和四岁、五岁时的派对一样，桌子要预先在另一间屋里摆设好。一个简单的午餐菜单可以包括这些内容：生胡萝卜条、热狗包、蛋糕、冰激凌以及牛奶。每个孩子的座位前，都要摆上一个纸碟、一个厚重的小玻璃杯、一张餐巾纸，还有一张比较大的塑料座位卡，上面用大号字写上每个孩子的名字。这个年龄的孩子大多数都能认得出自己的名字，而且喜欢能有机会炫耀他认得自己的名字。你还可以在座席旁边放一个小纸杯子，里面装一小截儿蜡烛。为了给孩子们一些小惊喜，你可以把一些小指环、小钱币和小扣子之类的，包在一张蜡纸里，直接插到蛋糕上。自己手工制作的派对纸帽子可以给孩子的小型聚餐增添不少乐趣。在餐会上，孩子们肯定会吃不少东西，也肯定会滔滔不绝地聊天，兴致勃勃地聊他们的小帽子、小惊喜，当然，也聊他们自己。

下午2：00～2：10："钓鱼"游戏添欢乐

玩"钓鱼"游戏。用一张大桌布盖上一张小方桌，桌子的后面假装是"鱼池"。"鱼池"的旁边站一个成年人，或者是小寿星的哥哥姐姐，负责往"鱼钩"上挂小东西。把"鱼钩"拴在一条绳子上，孩子们站在桌子边上排队，轮流拉绳子"钓鱼"。适合用来"钓鱼"的小礼品包括：透明胶带卷、造型有趣的小卷笔刀、小卷尺、小圈圈糖以及小人偶等。

下午2：10～3：00：以户外活动结束聚会

如果天气不错的话，最好安排一些户外活动。户外活动的时间可长可短，这就看你安排些什么活动、走多远的路程了。如果需要的话，派对结束的时间超过预计的两个小时也没有关系。

你可以利用这段户外活动时间，带孩子们去参观博物馆、动物农场、自然公园、动物园和玩具火车展览会，等等。三个成年人加上五个小孩子，开两辆车就足够了。等户外旅行结束的时候，记得要给每个孩子派送一份告别小礼物，比方说一只小小的活乌龟，然后再开车把孩子一一送回家。

如果出现意外情况（事情难免会有意外的时候），你没法带孩子们到户外活动，那么可以用一段室内卡通电影来代替户外活动。如果你需要一个电影放映员播放电影胶片，那么最好提前把胶片准备好，请放映员在一旁等待。假如因为各种原因，你既出不了门，也来不及临时找电影胶片和电影播放员，那么你也可以选择一档适合孩子的电视节目，让孩子们看电视。(译者注：那是在 20 世纪 70 年代，世界上还没有DVD，也没有录影带。)

2. 温馨小提示

你可以给原计划留出一些灵活变动的空间，但是，不要让孩子牵着你的鼻子走，否则这场派对可能会出现失控的局面。

要主持一场六岁孩子的生日派对，的确是一件很让成年人费神的事情。这个年龄的孩子往往在聚会的时候表现得最糟糕，他猛然间狂飙突发的速度，会比任何其他年龄的孩子都更为迅速。而且这种发作总是伴随着破坏性的行为，更少不了大吼大叫。在派对上，孩子之间有可能相互掐、戳、推、打，就连他们之间的玩笑也常常偏于强横无礼。他们冲向各种游戏和玩耍的劲头常常十分迅猛，因此很容易逾矩，需要成年人的随时关注。他们的情绪变化过于强烈而且难以克制，因此很有可能又哭又闹又打又叫。正因为如此，合理的组织协调以及成年人的控制一定要安排到位。

还有，请记得，六岁的小孩子个个都是小贪心、小自私，恨不能把所有的东西都洗劫一空。因此每个孩子都需要一个袋子，各自把自己的宝贝、玩具和小礼物装在里面。另外，小寿星也好，小客人也好，都可能在派对上显得又霸道、又蛮横，既没有做主人的样子，也没有做客人的样子，在成年人眼里实在是一点风度都没有。需要解决问题的时候，成年人的干预一定要简捷。

Chapter 9

了解孩子的基本性格——

六岁孩子的个体差异

许多研究人类行为的学者，针对人与人之间的不同性格，提出了各自不同的性格分类体系。其中，最著名的是纽约大学医学院的斯苔拉·切斯博士的性格分类法。

通过探讨这些方法，你可能觉得其中某些内容能帮助你理解自己的孩子。其实，最重要的是你要随时睁大了眼睛，不仅要能够辨认得出孩子的某些行为是他所属的年龄所特有的行为，也能够辨认得出孩子的某些行为其实跟他特别的性格有关。这会有助于你更加懂得和了解你的孩子，从而认识到你孩子的独特之处。

　　每一个婴儿都是一个独立的个体；每一个幼童、每一个小学生，也都是一个独立的个体。事实上，任何一个活生生的人，都是一个独立的个体。越是像这样一本讲解孩子共性的书，我们越是要强调这一点，以免造成任何不应有的误解。

有些读者错误地以为，这一套书中所描述的各个年龄段孩子的典型的行为特征，例如这本书中讲到的六岁孩子的特征，指的是所有六岁孩子的言谈举止都应该跟这本书里讲述的一模一样。

诚然，我们的确认为，几乎所有的孩子，在他们走向成熟的这段成长历程之中，都会按照非常相似的轨迹，以非常相似的顺序，经历各个非常相似的阶段。但是，每个孩子的成长环境是不相同的，因此他们的成长历程也会不尽相同。更重要的是，每个孩子的个性更是各不相同的。所以，每一个孩子所走过的这条成长之路的轨迹，都不尽相同。

1. 斯苔拉·切斯博士的性格分类体系

许多研究人类行为的学者，针对人与人之间的不同性格，提出了各自不同的性格分类体系。其中最著名的分类法之一，是纽约大学医学院的斯苔拉·切斯博士的性格分类法。因为她的观察和我们自己的观察最为贴近，所以在这里我们借用她的归纳，为父母们提供一种性格分类体系。

❖ 活跃的程度

从一出生开始（实际上，有些人认为从尚未出生就已经开始），每个孩子表现出的活跃程度就很不一样。如果你已经有了不止一个孩子，那你应该亲身体验过这一点。有些孩子总是要不停地动，总是比别人更为活跃，哪怕就是坐在那里，他身体的某个部位也要动个不停。只要允许他动起来，他就会显得很开心。这种孩子的极端典型，就是所谓的"多动症"孩子。但是，请家长切忌给一个活泼好动的幼童或者学龄儿童贴上"多动症"的标签。

有的孩子则与此完全相反，总是十分安静，甚至根本就对身体上的各种活动以及各种运动丝毫不感兴趣。事实上，他甚至有可能更愿意一动也不动，把自己埋在书里或者电视里的时候才是他最为舒服与满足的时候。

❖ 规律的程度

有些孩子似乎天生就比别人有"更好的生物钟"。哪怕是在婴儿时代，只要你给了孩子合适的条件，他就能很早建立起自己的生活规律来，甚至如厕训练也非常容易。到了六岁的时候，这样的孩子喜欢每天都重复同样的事情。他们喜欢把一切事情都计划好，然后按照计划行事。

可是，有的孩子却与此完全相反，表现得很没有规律性。

从婴儿时代开始，你就很难掌握这孩子的日常作息规律，而且也很难要求他按照时间表进行各项日常活动。到了六岁的时候，这样的孩子仍然让人难以把握，而且，若是想让他的日常作息有一定的规律，那简直就是难为他。每天都必做的一些事情，比如早上去上学，他每每显得手忙脚乱，就仿佛从来都没有经历过似的。和这样的孩子相处格外棘手，因为你总是预料不到下一步会是什么情形。

❖ 适应变化的程度

有些孩子很容易适应生活规律的变化，随你怎么安排，他都可以应付。有一个妈妈这么描述她的这种秉性的孩子："我的各种新尝试，她都照单全收。"可是，有些孩子却与此相反，总喜欢在同样的时间，以同样的形式，做同样的事情，天天如此。一旦出现变化，他就会十分苦恼。

对于那些很容易适应变化的孩子来说，走亲戚一点也不成问题，甚至搬家到另一个城市也不成问题。然而，对于那些不容易适应变化的孩子来说，别说走亲戚或者搬家，哪怕是晚饭的时间晚了点，都能让他大受影响。

❖ 敏感的程度

有的孩子睡觉的时候，即使你在隔壁的房间里敲锣打鼓，他也照睡不误。我们认识的孩子当中就真有一个这样的。可是，有的孩子则完全不同，即使你在房子里的某个偏僻角落里悄悄耳语，他都能惊醒过来。有些老人家觉得这样的孩子都是被惯坏了的，不过我们却觉得，这是因为这样的孩子天生就跟别人不一样。

有些孩子对一点点小疼痛就反应过激，在这一方面，六岁的孩子似乎尤其显得脆弱。仅仅是往鼻子里滴一滴药水，或者是替小姑娘编个辫子，有些孩子都会显得痛苦到了极点。可是，有些孩子则相反，任你狠狠打他的屁股，他也似乎不疼不痒。这种孩子对疼痛的感觉和别人就是不一样，并不是他特别勇敢，他就是对疼痛不敏感而已。

❖ 心态的正面程度

有的孩子似乎总是不幸被一种负面的、哀怨的心态所主导，若想让这样的孩子云开雾霁可真不是件容易的事。他总是很容易碰到不顺心的事，或者他总是认为碰到的事情不顺心。生活之中遇到的人也好，事也好，很少能够合他的心意，所以他总是感到很失望、很沮丧。尤其是六岁的孩子，你很容易听见他牢骚满腹："什么都跟我过不去！"

可是，也有的孩子跟他完全相反，总是乐呵呵的，开开心心的，不管面对任何事情，这样的孩子都会从阳光的一面去着眼。不知道是因为这样明朗的心态，还是因为某种命数，好事情偏偏又真的总往他那里去。

❖ 反应的剧烈程度

正如有人对事情的感受更强烈一样，有些孩子对事情的反应也这样强烈。因此，对待同类程度的意外受伤或其他的意外事件，这个孩子有可能只不过轻轻呜咽几声，那个孩子则可能号叫不已，仿佛天都塌下来了一般。

通常来说，六岁孩子的反应要比其他年龄段激烈一些，不过，即使是这个年龄段，也会有一部分孩子似乎天生能量就比别人偏低一些，即使遇到生气或烦恼的事情也不怎么会发泄。因此，你不可能凭借号叫声的厉害程度来判断他是不是真的很疼，是不是真的受了伤。

❖ 抗干扰的程度

有些孩子很容易受到干扰，比如说打字机的声音、隔壁屋子聊天的声音、树枝擦到窗户的声音等，都能够打扰到这孩子，让他没办法集中注意力。因此，不论是在家里还是在学校里，其他孩子随便做一点点什么事情，就已经打扰到他了。

可是，另一个极端的孩子，却可以不在乎打扰，哪怕是周围吵炸了锅，他也照样可以继续玩他的、做他的。这样的孩子，等他稍微长大一些，在做功课的时候一边听收音机或者一边看电视，反而比静悄悄地写作业效果更好，至少他自己是这么认为的。

❖ 对某件事情的坚持程度

你们当中大多数人一定见识过有什么东西不做完就坚决不肯放手的孩子。这样的孩子往往有完美主义倾向，所以有的时候会让老师或者父母觉得，他要做的那件事情恐怕永远也做不完。这种坚持不懈的性格，有好处也有坏处。当孩子做的事情是你想要他完成的事情时，很好，你会很高兴他不肯放手。可是，有些时候他不肯放手的事情却恰恰是你觉得没什么必要的东西，而且你希望他赶紧停下来去做些别的什么，那么这时候，你就会觉得他的这种坚持变成很讨厌的固执了。

可也有些孩子什么事情都不肯坚持做下去，玩游戏也好，做事情也好，往往只进行到一半，就撇下不顾，忙着去找新鲜的乐趣去了。

前一种孩子，即使是很简单的游戏也可以玩上一两个小时；而后一种孩子你却总是可以听见他的抱怨："我没有什么可以玩的，我没什么事情可做。"

以上这些讲解，就是根据斯苔拉·切斯博士的性格分类法所列出的主要内容，也是家长们可能会关心的一些主要方面。

2. 威廉·H. 谢尔登博士的体形心理学

另外，还有一种分类法，也是我们坚持运用的一种学说，那就是威廉·H. 谢尔登博士的体形心理学。

在《你的4岁孩子》一书中，我们已经详细地讲述了谢尔登博士的理论体系。按照他的体形心理学的看法，一个人的体形决定了他的行为。我们可以通过对孩子体形的观察，相当准确地判断出这个孩子的行为特征。当然，没有任何一个人会完全只属于这一种或是那一种类型。每个人的类型其实往往由三种主要类型综合组成，只不过在大部分人当中这三者之一的某一种会占据主导位置。

❖ 三种类型的体形基本特点

这三种基本类型分别是圆形体形、方形体形和长形体形。圆形体形的人身体偏于浑圆而柔软；方形体形的人身体偏于方正而硬实；长形体形的人身体偏于瘦长、纤弱而细腻。

圆形体形的人，胳膊和腿的长度同躯干比起来，要相对偏短一些，胳膊的上臂比下臂略偏长一些。手脚都偏小，而且肉乎乎的。手指短而略呈锥形。

方形体形的人，四肢都又长又大，胳膊的上臂和下臂的长度大致相同，大腿和小腿的长度也大致相等。手和手腕都较大，手指略呈长方形。

长形体形的人，胳膊和腿的长度同躯干比起来，要相对偏长一些，胳膊的下臂比上臂略长一些。手和脚都长得细长而纤弱，手指尖细。

❖ 三种类型的行为基本特点

识别你自己孩子的身体体形，了解圆形孩子、方形孩子和长形孩子的常规行为特征，这将有助于你把自己对孩子的期望值调整到更符合孩子实际情况的水平上，而不会过于不切实际。如果你能够相信孩子的言谈举止与他身体的体形有关的话，那么你就更有可能比较容易理解和接纳孩子的行为，而不再会以为他的一些不尽如人意的行为是他的错，或者说是你的错。

根据谢尔登博士的说法，圆形体形的人，他参与和活动的目的是为了吃，吃是他最大的快乐；方形体形的人，他参与和吃的目的是为了活动，他最喜欢的是运动类型、竞赛类型的活动；长形体形的人，他的活动（尽可能少地动）和吃（也尽可能少地吃）的目的是为了参与，去看、去听、去想、去觉察，是最能让他愉快的事情。

这三种不同体形的人之间的另一个区别之处是，一旦遇到了困扰，圆形人会去找人帮忙；方形人会动手去寻求解决办法；长形人则退缩一旁，而且不愿被人打扰。

对时间的定位，也因为这三种人体形的不同而颇有不同。我们观察发现，圆形人最感兴趣的往往是眼下，此地此刻；方形人似乎更喜欢往前看，下一件事情或新的事情总是会让他觉得更有趣；而长形人则喜欢瞻前顾后。

❖ 三种类型在学校的行为表现

既然绝大多数的六岁孩子都已经上学，因此，不论是父母还是老师，都应该更多地了解一下这三种不同的基本体形的天然特性，这样的话，孩子在学校里可能会出现什么样的行为，大体上也就可以预料到了。

　　长形孩子，在面临新环境的时候，总是十分谨慎，甚至很难适应。因此，不论是上学前班，还是上小学一年级，这样的孩子都会觉得适应新环境很痛苦。刚开学的那些日子往往是他觉得最难受的时候。还有，因为长形孩子的行为年龄往往比生理年龄偏小（当然，也会有例外），所以，我们尤其要特别关注这样的孩子，务必确保孩子在升入小学一年级的时候，他真的已经完全准备好了。

　　因为天生的羞怯，要让这样的孩子熟悉新的老师和新的课堂要求，会是一件相当困难的事情。他一方面会对某些事情非常在意，比如说，大家把他忘了，或者排队时有人抢了他的先；可是，另一方面，他又可能因为羞怯的性格而怎么也不肯说"该轮到我了"。做老师的应该格外关照这样的孩子，以避免孩子独自默默地受委屈。

　　这种类型的孩子，处在相对合理的环境下会比较舒展一些。课间活动的喧闹往往会比课堂上老师的要求更让他受不了；而在上大课的时候，五十个、一百个孩子济济一堂的情形，那就更让他手足无措了。（译者注：美国低年级小学生的

174

班级，每个班不得超过二十个孩子。）

不过，长形孩子的另一个特点是他的智力发育往往会比较快一点，再加上他通常愿意听从指挥，愿意让老师满意，因此，一个聪明的长形孩子常常是班级里学习最优秀的学生之一。

方形孩子，尤其是男孩子，一年级的日子很有可能是最糟糕的日子。这种类型的孩子往往活泼好动、静不下来，如果学校要求他必须好好坐着不许动，那可真是一种煎熬。还有，这类孩子的另一个特点是，说话声音总是格外大、格外吵闹，这在学校里也是不可能被允许的。他们天生的好动常常被误解成是故意调皮捣蛋，再加上其他同样属于他们性格方面的"坏处"，使得这些孩子往往遭到不公平的惩罚。

这样的孩子偏偏又常常很受其他孩子的拥戴和喜欢，因此很容易成为一个孩子头，当然，也很容易成为令校方最为头疼的捣蛋分子。

圆乎乎、肉乎乎的圆形孩子，通常很喜欢别人，也很招别人喜欢。他是一个随和的、凡事不较真的孩子。在升入高小之前，也就是说，从幼儿园、学前班到现在的一年级，这孩子有一段太平日子，不但开开心心的，而且很讨人喜欢。但是，等过几年升入高小之后，老师或者父母很有可能会责骂他不肯好好努力、太没有上进心、太没有出息了。

3. 左脑孩子与右脑孩子

　　这里还有另外一种分辨孩子性格特征的说法，也能帮助父母更好地认识自己的孩子，这就是辨别一下你的孩子是属于右脑占主控地位的孩子，还是属于左脑占主控地位的孩子。这种分辨应该不难做到。

　　目前人们比较接受的看法是，人的左脑半球控制着语言功能、说话交流功能以及对时间的感知；右脑半球则控制着视觉与空间的配置以及对各种动作的控制。

　　换一种说法就是，以左脑为主的孩子（往往是右撇子），通常在阅读、写作和说话等方面更为出色，这些技能也恰好是大多数学校所要求具备的。可是，这样的孩子常常在动手以及运动方面能力较差，空间感也不是很强。

与之相反，以右脑为主的孩子（往往是左撇子），通常来说行动与运动的能力都更强，更善于摆弄机械构造，更擅长需要三维空间的各种活动。

总的来说，左脑孩子往往善于说、善于描述，而右脑孩子则往往善于动、善于做。

我们的学校，其教学构成主要以左脑式灌输（让孩子听、读）以及左脑式导出（让孩子说、写）为主，从而忽略了以右脑为主的孩子们。现在，教育工作者们一致呼吁，学校的教育方式应该也要顾及那些右脑孩子，也就是那些不太能够适应普通的听、说、读、写的教学方式的孩子们。

以上这几种分辨不同性格特征的方法，你可能觉得其中的某些内容能帮助你理解自己的孩子。其实，最重要的是你要随时睁大了眼睛，不仅要能够辨认得出孩子的某些行为是他所属的年龄所特有的行为，也能够辨认得出孩子的某些行为其实跟他特别的性格有关。这会有助于你更加懂得和了解你的孩子，从而认识到你孩子的独特之处。

10

Chapter

你是否也遇到过这些麻烦？——

源自家长们的真实故事

　　不同的孩子在成长过程中会表现出一定的规律和特点，很多孩子在同一件事情上出现了让父母同样棘手的问题。为了帮助父母解决这些问题，我们特意挑选了一些有代表性的家长来信进行分析，相信会对读者有所帮助。

编者注：这一章的内容，全部摘自当时的报纸专栏，由本书作者们，也就是格塞尔人类发展研究所的资深儿童研究员们，应答家长们在养育过程中的苦恼。人们尊称这些资深研究员为"博士"，他们也都是货真价实的博士。

1. 孩子的悲泣让妈妈很伤心，该怎么办？

 读者来信

亲爱的博士：

我不得不开始相信，造成我六岁女儿痛苦的根源就是我。科拉莉常常哭得撕心裂肺，一边哭一边诉说她痛恨自己、自己是坏孩子、什么都做不好……每当这时候，我总是很悲哀，因为我知道，正是因为我，她才会有这样的感受。

我总是对她期望太高。每天我都会对自己说"今天我一定要对她放宽要求"，可是，总是在不知不觉之中我就又去唠叨她、督促她、纠正她。我的那些话虽然有一些也是应该的，可也有不少其实并不必要。

除了科拉莉之外，我还有一个两岁半的孩子，以及一个新生的宝宝。我可以把问题归咎于我忙不过来了。然而，我知道，其实不仅仅是这么回事。也许你能推荐给我一些关于六岁孩子的书，帮助我重新建立对六岁孩子应有的期待。

 ## 专家建议

一个像科拉莉这样的六岁小孩子，往往要跟自己的妈妈"冤冤相报"，这虽然不怎么美好，但却是十分常见的事情。另一个十分常见的事情就是，像你这样的六岁孩子的妈妈，往往天天都要发誓说，今天一定要比昨天对孩子更好些，结果到头来却每每责怪自己又没做好。

依我们看来，你太苛责自己了。在这样一个孩子通常十分叛逆的年龄段里（等到了十一岁的时候，你将会再次陷入这种局面之中，而且只会更糟糕），妈妈应该在感情上不要让自己跟孩子纠缠到一起，而且剥离得越远越好。只要对孩子足够公平、足够合理，就很好了。当孩子的悲泣又来了的时候，你需要保持自己的平静和客观。（我们记得，一个小姑娘，也是在六岁的时候，她妈妈一边开车一边批评了她，她于是声泪俱下地哀号道："让我下车！把我扔在这里，让我死在这路边吧！"）

但是另一方面，由于六岁的孩子最倾向于跟妈妈过不去，跟任何别的人在一起都会比跟妈妈在一起时表现更好，所以你应该考虑要不要请一个人来帮忙，至少帮你照顾一部分孩子的日常生活。而且，你也真的需要帮手，毕竟你的三个孩子都在六岁以下。

有很多妈妈会跟你一样，觉得自己和孩子之间的冲突全是当妈妈的不好。这可能有一部分的真实性，可是也请你同时记住，不论是谁来当你女儿的妈妈，都会是这样的情形。

孩子一旦上学就会缓解你的一部分压力。还有，等她再长大几个月，你也会轻松不少。再有，你也不妨试试向来灵验的老套数：安排时间让科拉莉单独和她祖母在一起。

你希望我们推荐给你一些书，那么请试试看我们研究所的作品——《你的5～10岁孩子》吧。

2. 孩子指责妈妈不爱他，
该怎么办？

 读者来信

亲爱的博士：

我的儿子弗兰克，现在六岁半。他是一个各方面都很正常的孩子，而且是一个好孩子。他非常爱我们，我想我们的表现也应该让他觉得我们很爱他。

可是，问题就在于他会说我不爱他。本来他好好地坐在那里，可是他忽然就会说："我爱你，可是你不爱我。"我总是告诉他，事情不是这样的，可是他偏偏坚持说就是这样。

他爸爸工作的地方很远，只有周末的时候才能回家。我也上班，不过我请了一个很好的妇人来照顾他。你觉得是因为我们跟他在一起的时间不够吗？还是有什么地方不对劲？每次他说这样的话，我都十分伤心，而他自己却好像不觉得有什么要紧似的。我的意思是说，他并不因此而哭泣。

 ## 专家建议

很多孩子都喜欢玩这种"你不爱我""你不够爱我""你爱我没有我爱你爱得多"之类的把戏。其实，成年人之间也会玩这种把戏，只不过六岁的孩子最爱的人往往是他的妈妈，而不是一名异性。

因此，很多人经常都会觉得，你爱他没有他爱你爱得多。也正因为如此，你孩子的这种抱怨很正常、很自然，而且也相当合理。只不过，你不必太把孩子的这些话当真。

一方面，你可以就这个话题跟孩子好好聊一聊，告诉他，很多孩子都会这样觉得，而实际上这种感觉（尤其是他的这种感觉），常常并不就是真的。你要告诉他，你的确很爱他。

但是另一方面，你也不要对此掉以轻心。随着他越来越接近疑虑而且忧虑的七岁，他的这种指责会越来越频繁。因为，很多七岁的孩子都会觉得，妈妈不爱他、老师不爱他、朋友也是一肚子坏水。

因为你说到儿子责怪你不爱他时看起来并不算太伤心，那么他很可能只是想要从你那里再多得到一点儿保证罢了。在六岁这个年龄段，晚上送孩子上床睡觉的时候，是最适合你跟孩子亲亲热热地说点贴心话的美好时光了。另外，白天的时候，如果孩子又这么抱怨你，你可以直接把他抱到你腿上，跟他说说他是个多好的男孩子，你因为有他而多么幸福。要告诉孩子，你非常爱他，爸爸也非常爱他。希望这些做法能让孩子安下心来。

最重要的是，当孩子这么指责你的时候，不要让自己过于伤心。这其实是很多孩子在成长过程中的一小部分而已。

3. 小哥哥嫉妒妹妹，怎么办？

 读者来信

亲爱的博士：

我有两个孩子，一个三岁的女儿和一个六岁的儿子。儿子现在很嫉妒妹妹。他是一个好孩子，不论我把他带到哪里，他都是我的骄傲。可是，他现在给自己搞了一个麻烦，坚持认为我们没有谁爱他。他说我爱妹妹多过爱他，责问我既然不爱他为什么还要生他。很多个夜晚我必须陪着他去睡觉才能让他平静下来，不然的话他就会变得歇斯底里。这时候，如果我跟他聊聊他小时候的故事，说说他那时候是个多么可爱的小宝宝，似乎能使他舒服一些。

今年秋天，他就该上学了。希望到那时事情能有所改变。我没有送他去幼儿园，一则是因为经济上的困难，再则如果他跟妹妹不在一起，彼此会很孤单，似乎没有对方就不知道该怎么办才好。

 专家建议

你儿子的行为让你非常痛苦，我们很理解。这里有两条路，看你愿意选择哪一条。其一，我们尚不确认是否真的必要，就是假如你真的觉得他非常不快乐，那么你也许需要寻求心理医生的帮助。如果开了学以后事情仍然没有改善，你可能需要走这条路试试看。

其二，我们更倾向于建议你现在就这么做来试试看：尽量多地向儿子表达你的感情，尤其是晚上睡觉的时间，现在你已经在这么做了，这很好。

只是，有可能你做得太被动了一点点。若是能再主动一些，比如说你能预先把时间安排得更妥当一些，计划好你单独给他的时间、让他去跟朋友玩的时间以及让他跟妹妹分开来的时间，那么，这应该更能让他感受得到你的关爱。

4. 一个正常的孩子真的不会仇恨自己的父母吗?

 读者来信

亲爱的博士:

　　我怀着一腔怒火给你写这封信。自从三天前我读了你那糟糕至极的专栏,这股怒气就一直挥之不去。我猜测你大部分的内容写的都是"正常"的孩子,但是,我不相信你能从这世界上找出比我的孩子更正常的孩子来!我有两个很可爱的女儿,一个六岁,一个八岁。每天我都必须跟在她俩身后替她们把衣服捡起来。但是,她俩谁也别想胆敢在我和我丈夫面前说出一句"我恨你"！永远不会有这么一天！

之所以会有这种被你称之为"正常"的孩子，问题就在他们的父母身上，就在你这样的写得出如此令人厌恶的专栏的所谓"专家"身上！我要狠狠谴责你的专栏，也要狠狠谴责你！

我养育孩子的方式，看来远远要比你推荐的那些方法强得多。你再三推行的那些方法，在我看来都不过是无稽之谈。

 专家建议

我们很有兴趣知道你为什么会生这么大的气。我们并非在劝诱孩子们回去跟他们的父母说"我恨你"，只不过是在陈述他们常常会这么做这个事实而已。

就在上个星期，我们还收到一封妈妈的来信，她很平静地、不带任何怒气地告诉我们，她的儿子如何会根据他的一天是怎么过的，而满屋子留下一些"妈妈我爱你"或者"妈妈我恨你"的留言条。

一个年幼的孩子，他的情绪变化总会围绕着妈妈起伏波动。虽然，他最爱的就是她；然而一旦母子之间出现了矛盾和冲突，他自然也会觉得恨她。

在过去，父母的管束往往十分严厉，孩子恐怕的确没有胆量把"我恨你"大声地说出来。但是，我们都记得，小时候我们至少悄悄地嘀咕过。

那时候，的确有些家庭里波澜不兴，的确有些妈妈是绝对权威，孩子们也的确不敢说甚至不敢小声嘀咕"我恨你"。但是，我们可以想象得到，但凡是一个正常的知道生气的孩子，心里肯定这样想过。

5.孩子一看电视就表情怪异，这是为什么？

 读者来信

亲爱的博士：

　　我有一个关于六岁的小女儿多丽丝的问题。她最近有了一个新的习惯性紧张动作，那就是神色怪异。她会把眼睛睁得大大的，而且嘴巴也要同时张得大大的，就好像是要帮着她把眼睛睁得更大些似的。与此同时，她还会把头向一旁扭几下。但是，这种动作仅限于她看电视的时候才会出现。以前她曾经一动也不动地一看就是三个小时，现在我已经把她看电视的时间缩减到了45分钟。最近这段日子我常常训斥她，因为她总是去做些不该做的事情，比如去欺负小狗和小鸟，或是不肯这个、不愿那个什么的。

我一直在考虑要不要送她去看医生，可是找医生也没什么用，她的这种表情不看电视的时候就没有，不可能让医生看得到。我也在想，是不是需要帮她检查一下眼睛。现在，我能做的就是尽力克制自己，不要去打她屁股。她在晚上7：15就上了床，之后爬起来喝了三次水，而且一直在清她的喉咙，说什么里面有只青蛙。她还两次过来要我亲她，现在又在那里说她还要喝水。现在已经夜里9：15了，我该怎么办？

一个焦头烂额的妈妈

 专家建议

我们可以告诉你一个值得为之稍微放心一点的地方：你的女儿多丽丝的情况表明，她目前正经历着一个典型的六岁孩子的特有阶段，只不过她的程度比较厉害一点罢了。另外，她这些宣泄紧张情绪的途径，倒是给了你一个了解多丽丝的很重要的信号：今后，一旦她表现出类似的怪异动作来，那就说明孩子内心的紧张情绪挤压得太厉害了，她在宣泄。

要做一个六岁孩子，本身就是一件很不容易的事情。有时候，还要再加上诸如环境的额外压力，比方说上一年级了。好在多丽丝现在还在学前班，这实在是万幸。既然你已经注意到了孩子面部表情的怪异和看电视之间的关系，那么请问，你能不能把电视插头拔掉一个星期，而你则每天利用看电视的这段时间来好好陪孩子一起玩玩呢？做父母的往往意识不到，亲子之间的"好时光"实在是太少了。

再来说一说晚上入睡这件事。你有没有在孩子上床、熄灯之后，花几分钟陪孩子聊聊天？六岁孩子的小脑袋里装着很多的事情，也有很多她不上床就想不起来要跟你说的事情，这些，她都需要跟你倾诉一下。

你要慢慢学会和六岁孩子相处，有些地方需要你放松些，有些地方则需要你抓紧些。渐渐地你就会发现，自己越来越能够控制得住局面，越来越像个妈妈的样子了。孩子的抗拒与不从，有些地方你可以随她去，有些地方则不应该让步和退却。假如妈妈的手更加坚实，孩子反而会觉得心里更踏实。好好观察孩子表现出的紧张宣泄是更多了还是更少了，你就会明白你对松紧的把握是不是更恰当了。

6.孩子为什么老是咬东西?

读者来信

亲爱的博士:

　　我需要请教你该怎么办:我有一个六岁的女儿,安德里娅,总是嚼东西,手套啦、衣领啦、围巾啦之类的,抓住什么她就咬什么。

　　以前,她不怎么咬指甲,但是吸吮拇指的时间已经很久,而且往往是一边吸吮,一边拿了小毛毯的一角在那里咬。目前这个动作仅限于她睡觉之前,不过我敢肯定,假如我允许她的话,她保证一整天不论走到哪儿都会拖着她的小毯子。搭乘校车

194

上学的那点儿工夫，她就有本事咬穿手套上的三个手指头。

安德里娅是我家四个孩子中的老大。她十分好动、精力旺盛，而且总是满腹怨气。每当我生她的气、对她不高兴的时候，她都会立即对我怒目相向。从脾气性格以及情绪方面来说，她实在不愧是我的孩子，因为我总是能从她身上看到我自己的影子。所以，跟一般人的通常观念不一样，我总觉得我应该原谅她。

在学校里她是个受欢迎的孩子，喜欢上学也喜欢她的老师，对什么事情都感兴趣。

我觉得，她随便拿了什么东西都要放进嘴里咬，这是不是一种紧张时的习惯动作？我尽力不去唠叨她，只是尽量简洁地表达我不喜欢她什么都咬，例如我会这样说她："不要咬我的围巾。"不论是在学校还是在家里，她看起来并不像是压力很大的样子。

专家建议

你说得没错，安德里娅咬东西的行为的确是一种"紧张时的习惯动作"，或者用我们的说法，叫作"紧张情绪的宣泄"。

咬绸带、皮带、手套、辫梢等等，是六岁孩子当中非常普遍的现象，通常会在孩子慢慢长到七岁或者八岁的时候自然消失。你说安德里娅一直在吸吮拇指并咬小毯子，那么看来这无疑就是孩子在宣泄她的紧张了。

而且，你做得很好，不去唠叨她。唠叨只会让事情变得更糟糕。你能够很明智地给她具体的限制，"不要咬我的围巾"，这说明你很有悟性。

你有没有尝试过让孩子嚼口香糖？虽然嚼口香糖不是什么惹人喜欢的好习惯，但是，这可以帮她把手套和围巾替换下来。有些时候，让孩子咬东西吃，毕竟比让孩子嚼衣物什么的让人看起来更顺眼一些。

说真的，有时候你不妨尝试用各种零嘴来替换咬衣物。但凡你看见她在咬东西了，就给她点好吃的，比方说，葡萄干、胡萝卜条、爆米花之类的，总之是能让她的嘴巴可以忙活一会儿的东西。

在这个阶段，你需要充分发挥自己的创造力，并且好好地施展你对孩子的耐心，同时也要尽可能地别让孩子陷入容易造成她紧张的情形之中。

正如你自己已经知道的，作为四个孩子中的老大，我们不难想象，以她的年龄来说，这就意味着她长期以来生活在节奏相当快的家庭环境之中。她也许的确需要某种宣泄情绪的途径。

7. 孩子很输不起，该怎么办？

 读者来信

亲爱的博士：

我那六岁的儿子安德鲁，恐怕是世界上最没有风度的棋手了。我不在意一个小孩子的技艺是否完美，而且我觉得，对安德鲁某些方面的欠缺我们已经够宽容的了。然而，最让我们夫妇俩受不了的是，他太没有棋风，太输不起了。

安德鲁给我们这种感觉其实已经有一段时间了，但是在他过生日的那天，他的表现实在是差得登峰造极，我们简直拿他没办法。那一天安德鲁收到了好几种游戏棋盘，就是拿了棋子在格子里走，看谁的棋子先走到终点的那些玩法。

安德鲁和他八岁的姐姐玩了好几盘，但是没有哪一盘能好好地玩下去，他实在是太不像话了。每一次他姐姐如果走得比他稍微领先了一点点，他就又哭又闹，气急败坏地指责他姐姐耍赖（偶尔会有一点点，通常她都不会）。可是他自己呢，任何他以为别人没有注意到的时候，就把他的棋子往前挪。

最后，我们实在忍无可忍，把棋盘全部收走，并告诉他如果他不能好好玩，我们就不会还给他。可问题是，我们该怎么教导他，让他明白跟别人玩的时候要讲究公平呢？

 专家建议

你们把棋盘收走，做得很好。安德鲁看来跟大多数的六岁孩子一样，还不适合玩这种需要多花点时间的竞赛游戏，当然也更不适合跟比他年龄大、更聪明的玩伴一起玩这种竞赛游戏。

不过，你也不必感到绝望。做一个有风度的、输得起的棋手，不是一件容易的事，就连成年人都难。而这样的要求，对一个普通的六岁孩子来说，是绝对不可能达到的。

要能够微笑着输，那首先需要你不去太在意那盘游戏，而且你还必须要有甘居人后的胸襟。

然而，对一个正常的六岁孩子来说，这两项条件都不具备。他的情绪波动相当剧烈，而且他对什么都非常在意。若要让他甘居人后，那就更不可能了。六岁孩子人生的基本准则就是他不但想要赢，而且他必须做第一名。

尽管一个六岁的孩子有时候可能特别鲁莽、特别能嚷嚷，然而实际上他内心里没有多少安全感。没有能力承认是自己的错，也没有能力在竞赛中输得起，这正是典型六岁孩子的招牌特征。你需要做的，是要尽量保护好安德鲁，别让他跟比他更高明的玩伴玩任何竞赛游戏。如果你自己跟他玩，那么请注意游戏过程要尽量短，而且要保证孩子能至少赢你一次（也就是说你自己必须要做些手脚）。

8.六岁孩子之间真会有炽烈的感情吗?

 读者来信

亲爱的博士:

我要写的,是关于我六岁的小孙女特里克茜的事情。她有一个同学,小男孩亚瑟。她每时每刻都想跟他在一起,没事儿就趴在窗户上眺望他、总想给他打电话让他过来玩,而且还非要亲他不可。

她爸爸不算特别钟爱她,既不肯抱她,也不喜欢孩子亲他。特里克茜这么对待一个小男孩,你觉不觉得是这个年龄的小女孩所不应该有的正常行为呢？（特里克茜知道我在给你写信。）

我跟她妈妈说，现在就必须得抓紧时间纠正这孩子了，否则她很快就长大了。但是特里克茜却跟她妈妈说，她才不要等到五六十岁的时候才有男朋友，她现在就要有一个。

 ## 专家建议

这样的事情不算是不正常的事情。六岁的孩子的确有可能会对另一个孩子带有强烈的感情，随时随地都想跟她或者他在一起。实际上，父母往往很受不了自己的孩子有这样的小伙伴，因为似乎孩子整个世界的中心都被那孩子占据了。

这样的孩子常常就好像被小朋友完全迷住了似的，对人家每每言听计从。实际上，这通常并没有什么值得好担心的。

不过，除非特里克茜真有什么事情，一定需要给这个小男孩打电话之外，现在倒也真的是时候让小姑娘明白，按照我们目前的文化，小姑娘最好别主动给小男孩打电话。还有，过于扎眼的肌肤之亲也的确应该加以限制。

看来，的确小特里克茜有可能对肌肤之亲相当渴望。但是，这个年龄的孩子，跟家里的亲人亲吻，要好过跟小朋友的亲吻。

我们并不认为特里克茜的行为"不正常"，但是，我们认为你的确应该限制她跟小男孩的亲吻和电话。我们没有道理而且也不应该阻止特里克茜和亚瑟一起玩，但是，在两个孩子一起玩的时候，需要成年人更多的监管和看护。

另外，在孩子进入青春期之前，家里人应该尽量避免把"男朋友"和"女朋友"挂在嘴边。通常来说，如果家里的成年人不主动提及这样的话题，孩子也不会触及。假如你们能够让"男朋友"这样的词汇从特里克茜的言辞中消失，这必将有助于孩子把小亚瑟单纯看作是一个特别好的朋友和玩伴，而并非是带有浪漫色彩的伙伴。

9. 孩子挑衣服挑得愁死人，该怎么办？

 读者来信

亲爱的博士：

我刚刚才把女儿送去上学，也刚刚才打完一场早上的"衣服仗"。她似乎对衣物在身上的感觉特别敏感，所有属于她的衣物，她总能找出些让她不舒服的地方，什么太紧了、太松了、太暖和了、太痒痒了……连袜子上面的小凸点都能硌得她脚疼。

我努力让自己保持平静，但是，有些早上，当她已经试穿过了四套衣服和四双袜子，闹钟正飞快地走向上学的时间，而她却还在那里挑来挑去的时候，我就怎么都按捺不住了！早点起床也没有用，不过是让她有了更多的时间来折腾人而已。请问，她这种行为常见吗？我能有什么办法吗？

 专家建议

你女儿这种对衣物的松紧和触痒等感觉的过分在意，的确会很让你厌烦。但是，请你相信，孩子这样的极度敏感通常在六七岁的时候达到最高潮，之后就会松弛下来。一方面，你要记得，这时候孩子是真的觉得这也不对劲那也不舒服，所以你要尽量相信孩子的确有她的理由。另一方面，你也应该让她明白，她不可以把你逼到极限，到了时候就是要穿上衣服离开家门去上学，不论那套衣服她喜欢还是不喜欢。

其实，很多妈妈都知道，越是紧张的时候，孩子的这种敏感就越是厉害。所以，请你要尽量想办法让早晨的程序平顺一些。

还有，幸运的是，衣着方面有很多地方你六岁的女儿已经可以自己来控制了，比如说，系鞋带和系腰带，她可以按她喜欢的松紧和样式来系。至于衣服质感的问题，你可以拿出两套，甚至三套衣服来给她，让她从中挑选出不舒服感觉最少的那一套。

另外，这一切烦恼看来都跟你早上帮她收拾好去上学有关，你不妨跟别的妈妈们学着试试看，由她来负责收拾好自己准时去上学，而你则退到一边，随她去。这听起来有些残忍，但是也许你会发现，这么做大家的日子反而都好过。我们理解，让你看着自己的孩子在那里瞎折腾，手忙脚乱却怎么也来不及赶时间，的确会让你心里十分难受。但是，一旦孩子能明白过来，她能不能准时去上学全在于她自己怎么折腾，那么事情反而会大有改观。

你可以准时去叫她，替她把衣服拿出来摆好，把早饭准备好，在需要的时候提醒她一下。但是，你的态度和表情都要让她明白，按时上学是她的事情。

最理想的办法，恐怕并没有。但是，最能让事情奏效的心态，应该是你对孩子苦楚的真诚理解和同情，加上你一定程度的不肯退让，让孩子明白：她逼迫妈妈也没有用，妈妈只能帮她到一定程度。

10. 孩子到处搞破坏、干坏事，该怎么办？

 读者来信

亲爱的博士：

我们的问题，针对的是我们六岁的小男孩，蒂米。他非常不听话、很能捣乱，而且对弟弟坏到了极点。他故意把他的玩具弄坏，把我们的邮件撕碎。圣诞节才过去一个月，他就已经把他所有的玩具都弄坏了，现在又开始向他弟弟的玩具进攻。我们家里有一把很好的椅子，他却把椅子上面的布也弄坏了。还有他的户外玩具，三轮车和滑轮车，他踩着它们到处撞，最后，东西撞坏了，车子也撞坏了。我们把他送回他的小屋里让他反省，结果他拿起蜡笔，把墙纸涂得一塌糊涂。然后他又去洗手间，不但拔掉了一个毛巾挂，连墙上的石膏都拔了下来。最后他又进到壁橱里面去，把橱里所有的衣服和玩具全都扔到了地上。

现在来说说他好的地方。他可以很乖很听话很帮忙，如果他觉得这么做能得到什么东西的话。在别人眼里他是个很可爱的孩子。

他有着用不完的精力，我没办法一刻不离地盯着他，也做不到一分钟不漏地把他的时间用恰当的活动安排得满满的。但是，他的学前班的老师却说他在学校里表现得很好。

他上次差点儿就切掉了自己的两个手指头，因为他把手放到了我家拖拉机的传动带上。这已经不是我第一次带着他飞奔去医院或者诊所，因为他总是要把手放到不该放的地方去。

有时候他真能把我气昏了头。就连我丈夫，一个最有耐心的人，也常常能被他惹得发火。我俩都知道，蒂米需要很多的爱心，可是，面对这么一个故意做尽他能想到的一切坏事的孩子，你怎么去爱他？多少次我为他失眠，多少次我被他气得掉眼泪，可还是拿他一筹莫展。我知道我们需要找专家治疗，可是我们付不起这笔费用。

 ## 专家建议

做像你家蒂米这样的孩子的父母，的确是非常难。尽管你常常为他生气，却也不得不佩服他无限的精力和花样百出的鬼把戏，而且我们也都知道，正是这种精力和聪明，预示着他将来可能很有成就。很显然，最困难的地方，就是在他成熟到能够把握好自己之前，你该怎么把握好你自己。

根据你的描述，你的儿子应该属于方形孩子，而他现在的年龄使得一切都更雪上加霜。（我们在前面的章节里专门讲到过方形孩子的特点。）

让我们感到欣慰的是，蒂米目前仍然在学前班，这对他的现状太有帮助了。不过，你十分需要更多的帮助，需要除了学前班以外更多的可以让孩子宣泄无限精力的机会。面对这样的一个孩子，一方面需要你用恰当的活动把他的时间安排得满满的；另一方面也需要你随时随地地监管他。还有一个方面也很重要，那就是你一定要给自己时间恢复体力，哪怕能够有一个小时彻底不操心这孩子，也能让你积攒起不少精力，回头来跟他继续"战斗"。

有一个办法，比你去求医要便宜很多，而且很可能同样有效：你可以去请一个好保姆来，最好是一个强壮的男性，让他带孩子到处去走走，给孩子安排很充足的各种生龙活虎、消耗体力的活动，而且是你可以接受得了的、有意义的活动。

还有一条也很重要："两人是伴，三人是烦"，请安排时间由你或者爸爸单独陪伴蒂米，这对蒂米来说，会比全家人永远在一起要更有意义得多。

11. 有个贪得无厌的孩子，
该怎么办？

 读者来信

亲爱的博士：

　　我该拿我那贪得无厌的六岁儿子怎么办？！亚当简直就像个可怕的"无底洞"，什么都想要，而且如果不立即给他，他就很不开心。可即使你给了他，却只能让他心满意足一小会儿，之后他就又有了别的想要的东西。他的玩具比街坊里任何其他孩子的都更多，可是，一旦他只能跟他三岁半的妹妹一起玩，我就常常会听见他哀叹："什么都不好玩，我该怎么办呢？"

有时候我们给他点家务活干，他却会开心得不得了，比如说，我们让他用电动除草机除草（当然，我们在一旁守护）、让他给地板打蜡，等等。每当这时候他就会变得非常快活。只是，这样的机会毕竟有限。

如果我能让他明白，物质满足不见得就能让人快乐，是不是会好一些？你说他这么小的孩子，能够接受这一点吗？还有，你觉得他这种"无底洞"的心态会不会跟遗传有关系？我必须承认，我小时候有很多地方跟他差不多。

 专家建议

亚当现在的这种"贪得无厌"，至少有两个可能的原因。其一，他这种什么都要立即得到满足的心态，说明他有些偏于不够成熟，你应该用一种对待更年幼的孩子的方式来对待他。

其二，但凡让他干点家务活，他就显得最开心，这说明他有可能是那种天生就更喜欢劳动而不是更喜欢玩耍的孩子。

而从另一个角度来说，六岁的孩子也的确都很喜欢帮爸爸妈妈做些家务。

很显然，事情的关键在于要让这孩子有足够的事情忙活。事实上，很多事情对大人来说会很劳累，可是在孩子眼里却很好玩儿。如果你能够预先安排一下，由你或你丈夫或家里的老人或请来的保姆，跟孩子一起做些家务活，那么他的一天应该能够充实很多。

你说他的玩具比谁都更多，这一点倒是让我们觉得，你可能有些对孩子不够用心。看来你并没有每次都花时间教他该怎么花样百出地玩，而只是简简单单地再多给他一个新玩具就算了事。其实，有些平常很聪明的孩子，往往需要有人教他怎么玩出他自己的新意和创意出来。

至于说该不该跟孩子讲物质满足并不见得能给人带来快乐，这实在有些太早了些。这一观念其实相当有深度，有些人一生也领会不了这一层，更何况他还是一个年仅六岁的小孩子而已。

你注意到他有很多地方跟你小时候相像。没错，人的秉性的确有一定的遗传性，至少是在一定程度之内。

12.孩子随手乱放东西，
  该怎么办?

 读者来信

亲爱的博士:

　　我的女儿弗莱西娅，现在六岁半，真是让我抓狂。她太让人无语了。她的小卧房里总是乱七八糟的，床铺从来就不收拾，也从来不爱惜她的东西，垃圾和裸着身子的洋娃娃扔得满地板都是。新玩具她也一样不爱惜，待遇并不比旧玩具好。

　　她弄丢了不知多少钱和"珠宝"，可是看来她一点也不把这当回事。每次我要纠正她，她都跟我横鼻子竖眼的。还有，我若是不去一步一步详细地指点她怎么做，她根本就什么都不动，比方说，早晨起床时，如果我不说的话，她就不会去上厕所、不会去洗脸、不会去漱口、不会去梳头发……有些时候，等我们俩终于把这些事情都一步一步地做完了，时间已经到中午了。等今年秋天开始上一年级的时候，估计我们只好四点钟就爬起来，才有可能赶得上去上学。

她的学前班老师说，她很聪明，而且很爱读书。确实，她可真算是卷不离手。她说书是她的朋友。不过她也很少有别的朋友，因为她太内向了。

 ## 专家建议

这种又聪明又爱读书的小姑娘，往往也就是日常生活中最没有条理、最不懂收拾的孩子。

我们认为，她的这种状况，恐怕在相当长的一段时间之内都不会有多大改变，一直要等到她遇到某种很强大的促进力，比方说，遭到了她深深热爱的一个老师的批评，或者等她再长大些，被她的男朋友或者女朋友耻笑了的时候，才有可能发生转变。

至于丢东西的问题，不要指望她能放在心上，而是你要多给她具体有效的帮助。比如说，要把她的手套什么的拴到她的大衣上，就像你对待更小的孩子那样做。

关于钱这方面，你不要让她身上揣数额比较大的钱。大多数的六岁孩子都会弄丢自己的钱夹子，跟妈妈一起到城里买东西的时候，六岁小朋友的妈妈最常说的一句话就是："唉，你到底把它放哪儿啦？"所以，如果你女儿一定需要揣一个钱夹子在身上，那么至少你要确保里面的金额不多。等到了开学上一年级的时候，她的衣服上最好都贴上名字。

但是，与此同时，在孩子真能发生什么转变之前，你必须让自己顺应她。你要学会该在什么地方让步、什么地方不能让步、什么地方可以来点儿幽默。近期内你也许需要在孩子晚上入睡前一定坚持要她上趟厕所，但是早上起来的时候，你最好别管那么多，能够帮她梳好头发、穿好衣服、吃好饭就行了。至于其他的细节，可能都只好推到晚上来做了。

孩子的房间，那就尽量由你来替她整理吧。你可以一个星期整理一次，比如每个星期六，让她帮着你一起收拾屋子，把一切都归整到你能接受的程度。你们俩一起收拾，应该不算是一件糟糕的事情。若要等她自己知道保持屋子的整洁，那恐怕要等到好几年以后了。

也许你可以试试看"奖励机制"是否管用，比方说小星星啦、书籍啦，甚至某些很值钱的东西。但是，不论你怎么去努力，像她这样的小女孩，生活没有条理，东西乱七八糟的这种现象，真的会延续很久，你也只能尽量好好忍耐很长一段时间。

13. 六岁小男孩真的会喜欢当女孩子吗？

 读者来信

亲爱的博士：

我丈夫和我刚刚就一个严重的问题进行了一场激烈的谈话。我们的儿子，六岁的彼得，有些过于女孩子气。他非常痴迷于唱歌跳舞，有一天还问他姐姐，跳舞的时候可不可以穿上她的舞衣。我告诉他不可以，他竟然这么问我："那我就戴一串珠子好不好？"

他明显更偏爱跟女孩子玩，我亲眼看见他离开同龄的男孩子，去找小女孩们玩。他经常喜欢谈论长头发、漂亮头发和漂亮衣服等。其实他很聪明，四岁的时候就学会了骑两轮自行车。他还有一个特别的爱好，就是喜欢汽车，能说得出好多汽车的品牌来。

今天晚上他被最后通牒，不许再跟女孩子玩。他爸爸说如果下次再看到他跟女孩子玩，就要狠狠揍他一顿。跟他同龄的男孩子都叫他"假女生"；尽管如此，他有时候也能够跟这些男孩子玩到一块儿去。

请问，我们这样做对不对？针对彼得这种女里女气的行为，我们还能做些什么？

 专家建议

这个问题，虽然是六岁孩子的常见现象，但的确也是让父母最为讨厌的行为之一，尤其是爸爸会相当受不了。因此，你切忌跟你丈夫再有激烈的争论，哪怕你并不认同他对待彼得的做法。

这样的孩子，至少有一半的情况是家长后来发现自己的担心其实没有什么必要。这些看上去有些女孩子气，对口红、花朵、女孩的玩具和衣装等很感兴趣，而且也很喜欢跟女孩子一起玩的男孩子，等他们长到差不多九岁的时候，会有一大半变得更有男孩子气派。到那时，所有这些早期的"女里女气"的表象和兴趣都会消失殆尽，你也会笑自己当初何必那么担心。

喜欢和小女孩一起玩的现象，在六岁的男孩子当中相当普遍。尽管像你家这样的小男孩的确比普通男孩子对女孩子更感兴趣一些，但是，他们当中的绝大多数慢慢地都会变得非常"正常"，变成很男人气的男人。

不过，也的确有少数孩子不会朝向更男人气的方向转变。可是，面对这样的孩子，禁止和管束根本起不到什么作用。你可以打他打到你自己手软，也可以杜绝任何他跟女孩子一起玩耍的机会。但是，这么做的结果，既改变不了他的性情，也改变不了他的兴趣。

因此，尽管我们建议你可以采取一些合理的措施，尽量让彼得多跟男孩子一起玩，但是我们既不赞成你们禁止他和女孩子玩，也不赞成因为他跟女孩玩而打他。真正让你担忧的，不是他要做什么，而是他想要那么去做。然而，打骂并不能改变他心里的向往。

　　既然你儿子不只喜欢跟女孩子玩，他还喜欢很男人气的汽车，而且很早就学会了骑车，也说明他运动方面的协调能力不错，所以我们觉得你俩真的没什么必要太过担心。不妨尽量减少他跟女孩子玩的机会，如果你们很想这么做的话；不过，要达到这一目的，不能靠打骂他，而是需要你们为他提供能让他感兴趣的其他事情和活动。

14. 孩子真丢人，总是屙到身上，该怎么办？

 读者来信

亲爱的博士：

我有一个很丢脸、很恶心的麻烦事，实在不知道该怎么办。我儿子六岁半了，叫丹肯，在一年级快班。本来什么事情都好好的，可是，开学一个月以后，他常常在放学回家的路上把屎尿弄到裤裆里。

一开始的时候，我又惊又怒，气得要命，狠狠惩罚了他。可是后来，我渐渐开始明白，打他骂他都完全不能解决问题，于是，后来我带他去

222

看了医生。

　　医生说，丹肯的问题不是生理上的毛病，而是更深层的问题，建议我带孩子去看儿童心理医生。请问你听说过六岁孩子有这种毛病吗？你觉得我应该带丹肯去做心理治疗吗？你有什么建议？

 专家建议

　　我们当然听说过孩子会有这类行为，虽然不算是太普遍，但仍然是六岁男孩的问题之一。我们不觉得丹肯需要接受儿童心理医生的治疗。

　　很多母亲，当她们遇到这种问题的时候，都会像你一样又惊又怒，气得非常厉害，也恶心得非常厉害。她们也都跟你一样，最终会明白孩子是真的控制不了自己。

　　你带孩子去看医生，以求查明问题是不是出在他的身体本身，这是很明智的做法。带孩子去看心理医生，也不会有什么不妥，只是我们觉得没有必要那样做。

　　首先，既然问题是开学以后才发生的，那么你需要确认一下，孩子是否完全有足够的能力来应付学校的压力。以他的年龄来说，上一年级应该是合适的。但是，上快班恐怕就不是孩子能应付得了的了。

其次，每天上学前，让孩子试试看能否先在家里解大便。如果这一招不管用，那么也许可以请老师帮忙，让他在放学之前上厕所。如果这办法还是不管用，那么，若你能够的话，一到放学时间就用学校广播呼叫他，然后以最快的速度开车带他回家，让他在玩耍之前首先上厕所。

这样的小男孩，大清早通常解不出大便来，而且也通常不肯用学校里的厕所。等到了放学回家的时候，也就是中午或者下午，他却突然想要上厕所，而且没有办法能控制得住自己的肛门括约肌。

因此，有时候我们建议妈妈们利用孩子上午课间休息的时间，把孩子带回家，让孩子在家里的厕所解大便。这些现象更让我们坚信，六岁孩子应该只上半天学。若真能如此，这类问题，还有其他一些比如因为孩子太疲累而造成的问题，很可能会就此消失。

15. 两个小男孩脱了衣服玩，该怎么办？

 读者来信

亲爱的博士：

我有一个很烦恼的问题，是针对我六岁儿子的问题。我们最近新搬了家，他同一个和他一样大的小男孩变成了好朋友。最近我们发现他俩常常脱了衣服玩。有时候他们也和别的孩子这么玩，但他俩最常一起这么玩。两个孩子不在一起的时候，就没这回事。我们打过他，可是不管用。我们觉得这问题的产生肯定是有一个人先挑的头，但是，是谁呢？你能帮帮我们吗？我们需要行家的指点。

 ## 专家建议

首先，请你要明白，这种事情很普遍，不是孩子有什么问题的征兆。其次，请你要理解，是谁挑起的头实在无关紧要。一个巴掌拍不响，性游戏必须有两个孩子（或者更多）的参与，而且常常不会全是其中某一个孩子的责任。

性游戏往往发生于性激素驱动很厉害的小孩子身上，也往往发生在孩子们觉得没有什么其他好玩的事情的时候。我们注意到，孩子在四岁以及六岁的时候，往往是这种行为出现比例最高的阶段。

对有些孩子来说，这样的游戏仅仅是很偶尔的事情，而且也很容易阻止；可是，对另一些孩子来说，激素的驱动力实在太强，任何惩罚和保证都阻止不了。这时，你唯一能做的就是监管，或者禁止两个孩子在一起玩。

但是，当你要禁止孩子这么做的时候，切忌给孩子一个印象，让他们觉得性是坏事。你只需要让孩子明白你不喜欢这种游戏，并且引导孩子对别的事情感兴趣。

有时候对孩子这种行为的监管很难做得好。但是，至少你要让他们在一个宽敞的、开阔的地方玩，而不要让他们关上门或者到隐蔽的小空间里去玩。如果在你采取了这些做法之后，仍然发现他俩继续那样玩，那么请你把两个孩子分开来，告诉他们一个星期（或者你认为合适的时间）不可以在一起玩。只要你能说到做到，丝毫不动摇，那么这种行为很有可能会就此结束。

结 束 语

　　没有谁，真的没有谁，会比你家活泼、可爱却又活得十分挣扎的六岁孩子，更能让你欢喜让你愁了。

　　跟孩子两岁半的时候一样，你可能会发现六岁孩子最让你感到棘手的特征，是他总是在两个相反的极端之间游走。这一分钟他还爱你，下一分钟他却恨你；他喜欢跟你一起玩游戏，可是他却很输不起；有些时候他显得鲁莽而顽皮，可是另一些时候他却又很容易对付，只要方法得当，他也能对你言听计从。

他很担心放学回家的时候你会不会不在家里；可是他一回到家，却又很可能立即跟你闹别扭。

你会注意到，孩子这两年最大的不同，就是五岁的他一切以你为中心，六岁的他却是一切以他为中心。

等你的孩子渐渐走进六岁半到七岁这段更为风平浪静的日子之后，回首之际，你会发现，很可能你已经不再记得当时的纠葛与冲突。你只记得那双对任何新鲜事物都满是热情和渴望的大眼睛，只记得他热忱的爱意，还有你们一起走过的美好时光。

图书在版编目（CIP）数据

你的6岁孩子／（美）路易丝·埃姆斯，（美）弗兰西斯·伊尔克著；玉冰译. -- 北京：北京联合出版公司，2018.4（2024.6重印）

ISBN 978-7-5596-1609-8

Ⅰ.①你… Ⅱ.①路… ②弗… ③玉… Ⅲ.①儿童教育－家庭教育 Ⅳ.①G781

中国版本图书馆CIP数据核字(2018)第009072号

北京版权局著作权合同登记 图字：01-2017-9090号

YOUR SIX-YEAR-OLD: LOVING AND DEFIANT
By Louise Bates Ames (Author), Frances L. Ilg (Author)
Copyright© 1979 by The Gesell Institute of Child Development, Louise Bates Ames and Frances L. Ilg
This edition arranged with THE BANTAM DELL PUBLISHING GROUP through BIG APPLE AGENCY, INC., LABUAN, MALAYSIA.
Simplified Chinese edition Copyright © 2012 by Beijing Zito Books Co., Ltd.
All rights reserved.

你的6岁孩子

作　　者　[美]路易丝·埃姆斯　　[美]弗兰西斯·伊尔克
译　　者　玉　冰
责任编辑　李　红　徐　樟
项目策划　紫图图书ZITO®
监　　制　黄　利　万　夏
特约编辑　曹莉丽
营销支持　曹莉丽
装帧设计　紫图图书ZITO®

北京联合出版公司出版
（北京市西城区德外大街83号楼9层　100088）
艺堂印刷（天津）有限公司印刷　新华书店经销
字数130千字　880毫米×1230毫米　1/32　8.75印张
2018年4月第1版　2024年6月第15次印刷
ISBN 978-7-5596-1609-8
定价：49.90元

紫图·汉字课

出版社: 中国致公出版社
定价: 329 元 (全 5 册)
开本: 16 开
出版日期: 2018 年 5 月

《汉字好好玩》(全 5 册)

有画面、有知识、有故事、有历史的汉字图书。
中央电视台、湖南卫视等多家媒体报道!
学汉字 就像在看画,写汉字 就像在学画!

　　《汉字好好玩》曾获选为台湾"百年文学好书",多次参加两岸文博会,被中央电视台、湖南卫视等多家媒体争相报导,并引发代购狂潮。这套书保留了象形文字的精华,延续了汉字原创的精神,展现了"画中有字 字中有画"的汉字精髓,融合了文字学、哲学、美学与创意,以艺术的眼光介绍汉字!

　　作者精选 75 幅主题汉字画,500 多个常用汉字的起源和演变,打破传统一笔一画的汉字学习方式,倡导图像学习汉字的新思维!

出版社: 北京日报出版社
定价: 129 元 (全三册)
开本: 16 开
出版日期: 2019 年 5 月

《一笔一画学汉字: 1-3》

只要 15 幅汉字画,就能轻松学会 86 个汉字。
从根源认汉字,才是智慧的学习方式。

　　《一笔一画学汉字: 1-3》是《汉字好好玩》作者张宏如给孩子的汉字启蒙书,作者原创多幅汉字画作品,打破传统的汉字学习方式,让孩子们从一幅幅汉字画中感受古人造字的精髓,识字就像看画,写字就像在画画。只要一幅汉字画就可以同时达到识字、写字的效果。

出版社: 北京日报出版社
定价: 129 元 (全三册)
开本: 16 开
出版日期: 2019 年 11 月

《一笔一画学汉字: 4-6》

只要 15 幅汉字画,就能轻松学会 80 个汉字。
从根源认汉字,才是智慧的学习方式。

　　《一笔一画学汉字: 4-6》是《汉字好好玩》作者张宏如给孩子的汉字启蒙书,作者原创多幅汉字画作品,打破传统的汉字学习方式,让孩子们从一幅幅汉字画中感受古人造字的精髓,识字就像看画,写字就像在画画。只要一幅汉字画就可以同时达到识字、写字的效果。

紫图·育儿课

《法布尔植物记：手绘珍藏版》（全 2 册）

因《昆虫记》闻名于世的法布尔又一巨作。

所有植物爱好者不可错过的"植物圣经"。

大自然给您和孩子的邀请信，送给孩子最好的礼物。

　　《法布尔植物记：手绘珍藏版》（全 2 册）由《昆虫记》作者法布尔耗时 10 年著成，权威，科学，生动有趣。法布尔用讲故事的形式讲述了植物一生的美丽故事，同时还告诉读者许多人生的智慧，是激发孩子探索世界的最好礼物。为了还原最真实的植物形态，绘者历时 2 年取景，培育植物，最终精美呈现出 300 余幅插画。

出版社：北京联合出版公司
定价：99.9 元（全两册）
开本：16 开
出版日期：2019 年 8 月

《勇敢的小狼》（全 6 册）

本系列荣获 2016/17 年英国人民图书奖"最佳童书"奖项、提名 2017 妈妈选择奖"最佳儿童读物系列"、提名 2017 英国教育资源奖"最佳教育图书"。

　　《勇敢的小狼》（全 6 册）由知名童书作家创作，专业童书插画家配图，已授权多个国家和地区。这是一套专为 4~7 岁孩子创作的绘本，帮助全球孩子化解成长过程中遇到的情绪问题，让家长不再焦虑，让孩子学会管理自己。随书赠送 4 套情绪卡片。

出版社：北京联合出版公司
定价：199 元（全 6 册）
开本：16 开
出版日期：2019 年 6 月

《青少年抗焦虑手册》

哈佛大学临床心理学家给孩子的成长课。

　　本书是一本为生活学习中普遍存在焦虑问题的青少年和年轻人提供的心理自助实用手册。孩子在父母或老师的带领下，在家里、学校里或者任何地方都可以拿来学习和使用，消除焦虑，纾解压力。书中针对具体问题设计了启发式问答及练习，帮助读者更好地理解焦虑的根源，养成积极的思维习惯。作者循循善诱，字里行间流露出同情和理解，充分考虑到青少年、年轻读者群的心理特点，融专业实用和趣味阅读于一体，是一本十分难得的心理健康读物。

出版社：现代出版社
定价：42 元
开本：32 开
出版日期：2017 年 2 月

紫图·育儿课

《开启高敏感孩子的天赋》

高敏感不是缺陷，而是上苍赐予 TA 最特别的礼物。

肯定 TA 的独特，开启他们的天赋，让他们感受更多，想象更多，创造更多。

  《开启高敏感孩子的天赋》是高敏感孩子第一临床医生的扛鼎之作，给高敏感孩子家长的 41 个养育·照顾·陪伴的指导。全世界每 5 个人当中就有 1 个人是高敏感族，当这个人是孩子时，就是"高敏感孩子"。高敏感是种与生俱来的气质，它会成为孩子的弱点或是优点，全靠父母的教养方式。

出版社：北京联合出版公司
定价：49.9 元
开本：32 开
出版日期：2019 年 9 月

《赢在未来的"虎刺怕"小孩》

"虎刺怕"（Chutzpah）是犹太人特有的"个性品牌"，代表勇敢、不畏权威、大胆。

马云说："在以色列，我学到了一个词，Chutzpah——挑战传统的勇气。我相信这种精神属于 21 世纪，属于第三次技术革命，属于未来。"

  《赢在未来的"虎刺怕"小孩》是一本展现犹太人育儿经验的书，给家有 0~12 岁孩子的你，养出不畏权威、理性对话的"虎刺怕"小孩。小孩哭不停，大人到底该不该介入？孩子不爱念书，怎么办？和小孩讲话不听怎么办？……犹太人育儿经验告诉你，如果想要孩子赢在未来，那么就给予孩子充满安全感、幸福快乐的童年！

出版社：北京日报出版社
定价：49.9 元
开本：32 开
出版日期：2019 年 9 月

《妈妈强大了，孩子才优秀》

央视著名主持人李小萌真心推荐"一本教妈妈的书，胜过十本教孩子的书。"

书中强调了家长要接纳孩子，要了解孩子不同年龄的心理特色，不要进行错位教育，否则大人孩子都累！

  本书是儿童教育专家罗玲经多年研究，并结合自身育儿经验的心血之作，不但解决了育儿中的难题，甚至改变了家长在生活中的态度。书中除了给出具体解决诸如孩子胆小、好动、打人、骂人、磨蹭、逆反、不认错、爱抱怨、爱哭闹等生活中常常让大人焦头烂额的育儿问题的方法外，还从根本上告诉家长要如何才能帮助孩子长成最好的自己，如何引导孩子合理发挥自己的智能。

出版社：江西科学技术出版社
定价：39.9 元
开本：16 开
出版日期：2016 年 1 月

紫图·育儿课

出版社：江西科学技术出版社
定价：49.9 元
开本：16 开
出版日期：2018 年 3 月

罗大伦《脾虚的孩子不长个、胃口差、爱感冒》

不伤孩子的脾，别伤孩子的心。

从调理脾胃和情绪入手，有效祛除孩子常见病根源。

2018 年修订升级版。

新增当下常见的儿童舌苔剥落成因及调理。

　　一本从调理脾胃和情绪入手，教会家长如何对症调理孩子常见病并祛除疾病根的书。书里介绍的各类调理方法已被无数受益的家长验证有效，只要家长认真按书里介绍的辩证使用即可。由知名中医诊断学博士、中央电视台《百家讲坛》特邀嘉宾罗大伦倾心奉献，帮助家长调理孩子瘦弱、不长个、胃口差、爱发脾气等一系列令人焦心的孩子生理和心理问题。随书赠送：孩子长得高、胃口好、不感冒的特效推拿、食疗方速查速用全彩拉页。

出版社：江西科学技术出版社
定价：49.9 元
开本：16 开
出版日期：2018 年 3 月

罗大伦《让孩子不发烧、不咳嗽、不积食》

调好孩子脾和肺，从小到大不生病。

指导家长用食疗和心理学方法 对症调理孩子常见病。

2018 年修订升级版。

新增怀山药治疗外感使用大全、白萝卜水止咳法。

　　书中把孩子发烧、咳嗽、积食各个阶段的病因和症状讲得通俗、清晰，可以让任何家长都能及时发现孩子身体状况的变化，防患于未然。介绍的调理方法简单、安全，多为食疗及外治法，能提供给家长一系列可操作的解决方案。由知名中医诊断学博士，中央电视台《百家讲坛》特邀嘉宾罗大伦和儿童教育专家、亲子、教育专栏作家罗玲联袂著作，教你快速成为孩子身体和心理上的全方位保护神。随书赠送：孩子常见疾病的每个阶段不同疗法速查速用全彩拉页。

出版社：江西科学技术出版社
定价：69.9 元
开本：16 开
出版日期：2019 年 7 月

罗大伦《图解儿童舌诊》

　　知名中医专家、中医诊断学博士罗大伦，根据孩子常见身体问题与不同体质舌象的精准分析，给出了 40 种对症调理孩子身体的食疗、泡脚、推拿方等。

　　很多孩子生病后，自己也说不清到底是哪里不舒服。作为家长，只要把孩子的舌象看清楚了，就能分析出孩子的问题到底出在了哪里，不仅能在疾病的早期及时给与食疗、推拿等调理的方法，也能在自己无法解决时，将孩子身体状况的准确信息传达给医生，便于医生诊治，从而更好地配合治疗，帮孩子早日恢复健康。